Dr. med. Elisabeth Aust-Claus

Dr. Dipl.-Psych. Petra-Marina Hammer

Auch das Lernen kann man lernen

Dr. med. Elisabeth Aust-Claus
Dr. Dipl.-Psych. Petra-Marina Hammer

Auch das Lernen kann man lernen

Was Sie tun können, damit Ihr Kind gut und gern lernt

OBERSTEBRINK

5. aktualisierte Auflage, 2015

Umschlaggestaltung:	Alfons Schmid, Tobias Schudok
Titelfoto:	Syda Productions/fotolia.com
Fotos:	Fotolia, privat, IFA (Verzeichnis S. 160)
Satz:	Alfons Schmid, ISM, München
Produktion:	Publikum, Belgrad

Verlag: Oberstebrink
c/o Körner Medien UG
Herzog-Heinrich-Str. 5, 80336 München
Tel. 089/33095656, Fax: 089/33095473
info@koerner-medien.de
www.oberstebrink.de

ISBN: 978-3-934333-52-9

Das Buch für Erfolgserlebnisse und Erfolgsergebnisse

Ist Ihr Kind in manchen Bereichen noch nicht so weit wie andere Kinder im gleichen Alter? Dann hat Ihr Kind wahrscheinlich seine Stärken in Bereichen, in denen andere Kinder noch nicht so weit sind. Lassen Sie sich nicht durch ehrgeizige Eltern anderer Kinder verrückt machen. Die Entwicklung von Kindern ist kein Wettbewerb. **In Kapitel 1 „Hilfe, mein Kind hat keine Lust zum Lernen"** erfahren Sie, wie Sie sich selbst ein Bild vom Entwicklungsstand Ihres Kindes machen können, und wie Sie es auf den Schritt vom Kindergarten in die Schule vorbereiten können.

Überlegen Sie, ob Ihr Kind schon schulreif ist? Jedes Kind hat seine eigene Entwicklung und wird auf seine eigene Weise schulreif. **In Kapitel 3 „Ist mein Kind schon schulreif?"** finden Sie eine Reihe von Fragen, mit denen Sie selbst beantworten können, ob Ihr Kind schon schulreif ist.

Findet Ihr Kind die Schule doof? Dann sollten Sie zunächst einmal herausfinden, was dahintersteckt. Oft hat die Abneigung von Kindern gegen die Schule gar nicht direkt etwas mit der Schule zu tun. **In Kapitel 4 „Mama, ich will nicht in die Schule!"** sehen Sie, aus welchen Gründen Kinder oft nicht in die Schule wollen.

Tut sich Ihr Kind beim Lernen schwer? Dann sollten Sie überlegen, was Sie zu Hause dafür tun können, dass Ihr Kind in der Schule den Kopf zum Lernen frei hat. **In Kapitel 6 „So helfe ich meinem Kind: Das Punkteplan-Spiel"** erfahren Sie, wie Sie Ihrem Kind mit einem guten Start in den Tag zu einem guten Tag in der Schule verhelfen können. **In Kapitel 7 „‚Was hab ich bloß auf?' – Lernerfolge nach Plan"** sehen Sie, wie Sie die täglichen Hausaufgaben und die Vorbereitung auf Klassenarbeiten gemeinsam mit Ihrem Kind so planen können, dass Ihr Kind stressfrei lernt, erfolgreich arbeitet – und trotzdem genügend Freizeit hat.

Das **„Buch für Erfolgserlebnisse und Erfolgsergebnisse"** gibt Ihnen anhand von anschaulichen Fallbeispielen konkrete Tipps und Anleitungen, die Sie gut nachvollziehen und schnell umsetzen können.

Sie werden sehen: **Auch das Lernen kann man lernen.**

1

„Hilfe, mein Kind hat keine Lust zum Lernen!“

In diesem Kapitel erfahren Sie ...

- warum nicht alle Kinder gleich sind
- wie Sie selbst feststellen können, ob Ihr Kind sich normal entwickelt
- worauf Sie beim Wechsel vom Kindergarten in die Schule achten sollten, um Ihrem Kind so den Start zu erleichtern

Die Kinderärztin: Erfahrungen aus der täglichen Praxis

Kennen Sie auch die Gespräche auf dem Spielplatz oder beim „Kaffeekränzchen", die um die Lernfähigkeiten der „lieben Kleinen" kreisen? Wie begeistert und stolz erzählen Eltern von den schnellen Lernfortschritten ihrer Kinder und freuen sich über deren immer größer werdenden Wissens- und Erfahrungsschatz.

Nach der Einschulung hören die Kinder dann von allen Seiten: „Gehst du gern in die Schule?" – „Kannst du schon lesen und schreiben?"

Was aber, wenn Ihr Kind dann nicht mit „Ja" antwortet – oder gar bekundet: „Schule ist ätzend"? Wenn beim Lernen nicht immer alles so glatt geht, wie alle es sich vorgestellt haben, bedeutet das Stress – sowohl für die Eltern als auch für das Schulkind.

***Fabian** ist eins der Kinder, denen Schule überhaupt keinen Spaß macht. Die Eltern schildern:*

> *„Fabian ist jetzt sieben Jahre alt. Er war ein besonders niedliches, aber auch sehr anstrengendes Baby. In seiner Entwicklung war er den anderen oft voraus. Schon mit vier Jahren fuhr er wie ein Rennfahrer Fahrrad ohne Stützräder. Er ist ein Draufgänger. Er probiert gern neue Dinge aus und hat kaum Angst. Manchmal müssen wir ihn bremsen, wenn er zu stark aufdreht und Gefahren nicht mehr richtig einschätzt.*
>
> *Aber die echten Probleme fingen erst an, als Fabian eingeschult wurde. Er störte den Unterricht, konnte sich nicht in die Klassengemeinschaft einfügen und war frech zur Lehrerin. Wir wurden fast jede Woche zu einem Elterngespräch gebeten.*
>
> *Fabian machte nur das, was ihm Spaß machte. Und dazu gehörten auf keinen Fall Schule und Hausaufgaben.*
>
> *Ihm drohte sogar ein Schulwechsel zur Sonderschule für verhaltensauffällige Kinder!"*

Mareike *(8 Jahre) bringt ihre Mutter zur Verzweiflung: „Es gibt keinen Morgen ohne Geschrei und Theater, weil Mareike beim Anziehen trödelt, nicht zum Frühstück kommt und dann auch noch kurz vor dem Gehen den Schulranzen suchen muss. Sie ist total chaotisch. Letztendlich muss ich immer ihre Sachen zusammensuchen und sie antreiben. Durch ihre Trödelei verpasst sie dann oft auch noch den Bus, so dass ich sie mit dem Auto zur Schule fahren muss. Mich bringt sie jeden Morgen auf 180. Sie selbst scheint das alles nicht zu stören."*

Dennis *(sieben Jahre) geht mittlerweile in die zweite Klasse. Er schimpft jeden Tag über die blöde Schule. Genervt ist er besonders beim Einmaleins-Lernen. Er kann sich die Siebener- und die Neuner-Reihe einfach nicht merken. In der Familie gibt es bald kein anderes Thema mehr. Sogar beim Abendessen will sein Vater von ihm wissen, wie viel acht mal sieben ist.*

Aber es ist nicht nur das Lernen. Dennis hat auch keine Lust, im nächsten Monat einen Übernachtungsausflug mit seiner Klasse mitzumachen. Wie würde er dastehen, wenn es gerade an diesem Tag wieder passiert, und das Bett morgens nass ist!

Seine Mutter ist enttäuscht von ihm: Er ist schon keine Leuchte in der Schule und dann auch noch „Bettnässer"! Dennis hat keine Ahnung, wie er das ändern könnte. Deshalb ist er jeden Tag motzig und freut sich nur noch auf die Ferien.

Die Mutter von ***Jens*** *(acht Jahre) ist ratlos: Bis zur Einschulung war ihr Sohn für sie ein ganz „normales" und cleveres Kind. Seit Ende der ersten Klasse aber muss sie ständig zu seinem Klassenlehrer und sich wieder eine Predigt über sein schlechtes Verhalten anhören: Er stört den Unterricht; er passt nicht auf; er bemüht sich immer noch nicht, in den Linien zu schreiben; er spielt ständig dumme Streiche; er macht selten die Hausaufgaben vollständig.*

Das Fazit des Lehrers: Jens ist sehr intelligent, macht sich aber durch sein unmögliches Verhalten alles kaputt. Wenn es so weitergeht, ist er für die Schule untragbar.

***Adriana** (neun Jahre, dritte Klasse) leidet unter ihrem Schulfrust. Wie die Lehrerin sagt, ist Adriana verträumt und starrt Löcher in die Luft. Das meiste vom Unterricht geht an ihr vorbei. Sie sagt: „Ich brauche für das Diktat gar nicht erst zu üben. Es wird sowieso eine fünf." Aus lauter Frust isst sie nachmittags tütenweise Süßes. Mittlerweile hat sie so zugelegt, dass schon alle „Dickmops" rufen und sie dadurch noch weniger Lust hat, in die Schule zu gehen.*

***Benedikt** (sechs Jahre) hat bei der Einschulungsuntersuchung nicht mitgemacht. Was nun? Kann er in die Regelschule? Im Kindergarten sind sich die Erzieherinnen auch nicht einig: Einerseits ist Benedikt sehr schüchtern, so dass man oft gar nicht merkt, dass er da ist – andererseits kann er sehr flippig sein und auch aggressiv reagieren. Er schlägt und beißt Kinder, die ihm nichts getan haben.*

Vor gemeinsamen Spielen drückt er sich am liebsten, so dass schwer einzuschätzen ist, was er eigentlich kann. Am liebsten verzieht er sich in eine Ecke und spielt allein – dann plötzlich ist er wieder ganz hektisch und tobt herum. Die Mitte scheint er nicht zu kennen.

Zu Hause beschäftigt er sich gern allein und hat in kürzester Zeit einen Stapel von Vorschulheften „bearbeitet". Am liebsten sind ihm Aufgaben mit Zahlen. Er kann auch schon bis 100 rechnen. Papas Computer bedient er selbstständig.

Das Malen dagegen gelingt ihm nicht so recht, und beim Turnen ist er einer der Ungeschicktesten. Auf dem Spielplatz hat er immer noch Angst, auf die Rutsche zu gehen oder zu klettern.

***Ines** (neun Jahre, dritte Klasse) geht zwar einigermaßen gern in die Schule, kommt mittags aber wie gerädert nach Hause und klagt über Kopfschmerzen. Sie fühlt sich immer unter Druck und ist sehr angespannt. Sie möchte auch mal so locker und schnell lernen können wie ihr Bruder Philipp. Sie muss sich schon seit der ersten Klasse quälen. Die Matheaufgaben muss ihr Vater ihr erklären. Sie versteht einfach nicht, was sie eigentlich rechnen soll. Am schlimmsten ist Kopfrechnen. Kaum* *hat sie die Aufgabe gehört, schon hat sie die Zahlen wieder vergessen.* Bei unserer täglichen Arbeit in der Kinderarztpraxis sind Kinder wie Fabian, Mareike, Dennis, Jens, Adriana, Benedikt und Ines keine Ausnahme. Kennen Sie auch solche „Schulkarrieren"? Haben Sie ähnliche Schilderungen auch schon erlebt und zu Hause diskutiert?

Geht es Ihrer Tochter oder Ihrem Sohn vielleicht sogar ähnlich? Dann werden Sie in den nächsten Kapiteln mögliche Erklärungen für solche Verhaltensweisen finden und Lösungsmöglichkeiten, die Sie selbst ausprobieren können.

Unsere Erfahrungen bestätigen uns Tag für Tag, dass gerade die nach außen hin lustlos wirkenden Kinder Hilfestellungen suchen. Sie wünschen sich, wieder mit Spaß und Erfolg lernen zu können. Auch sie möchten einmal vor der ganzen Klasse von der Lehrerin gelobt werden und den Vermerk „Super gemacht" in ihrem Heft finden.

Den Eltern geht es ähnlich: Sie sind sehr engagiert und bemüht. Sie wollen das Beste für ihr Kind und bieten ihm jede Unterstützung. „Ich übe schon jeden Tag mit ihm und erinnere ihn morgens daran, besonders gut aufzupassen – was kann ich denn sonst noch tun?"

Die Themen „Schule – Lernen – Konzentrationsfähigkeit" sind aus einer Kinderarztpraxis nicht mehr wegzudenken. Liegt der Grund für häufige Kopfschmerzen, Bauchschmerzen und für Verhaltensauffälligkeiten in einer Funktionsstörung des Gehirns, an der Erziehung oder an den Schulanforderungen?

Solche und ähnliche Fragen versuche ich durch eine neurologische Untersuchung, durch Entwicklungstests und in gemeinsamen Gesprächen mit den Eltern und Kindern zu klären.

In familientherapeutischen Gesprächen schildern die Eltern immer wieder den nervenaufreibenden Alltag mit ihren anstrengenden Kindern. Der Familiensegen hängt häufig schief. Es gibt Ehestreitigkeiten und Partnerschaftsprobleme.

Häufiger Anlass für Unsicherheiten in den Familien sind Kinder mit Lernproblemen und den daraus resultierenden Verhaltensauffälligkeiten.

Ich habe mich deshalb intensiv mit den Grundbedingungen und Fördermöglichkeiten „gehandicapter Kinder" auseinandergesetzt und mich auf dem Gebiet der Kinderneurologie spezialisiert. Die Beschäftigung damit führte mich in die faszinierende Welt unseres Gehirns, seiner Funktionsweise und Reifung. Das Thema ließ mich nicht mehr los.

Dabei lernte ich die auf diesem Gebiet sehr versierte Psychologin Dr. Petra Marina Hammer kennen. Inzwischen arbeiten wir seit Jahren eng zusammen, und bei unserer Zusammenarbeit entstand unter anderem die Idee zu diesem Buch.

Dr. med. Elisabeth Aust-Claus

Die Psychologin: Erfahrungen mit dem eigenen Kind

Dass meine Tochter Rebecca einmal Probleme in der Schule bekommen würde, daran hätte ich im Traum nicht gedacht. Sie war kaum zwölf Monate auf der Welt, da sprach sie Zweiwortsätze und zeigte sich an allem interessiert. Ihre Neugierde und ihre Energie schienen kein Ende nehmen zu wollen.

Im Alter von drei Jahren verblüffte sie jeden durch ihr selbstbewusstes Auftreten und ihre Schlagfertigkeit. Sie war schon damals nie um eine Antwort verlegen. Wer sie „in Aktion“ erlebte, der prophezeite: „Sie wird einmal Klassen überspringen.“

Doch es kam ganz anders!

Schon nach einer Woche Schule teilte sie uns mit, dass sie in der Klasse jetzt zwar einen ganzen Tisch für sich allein habe, aber mit niemandem mehr schwätzen könne. Schule sei wohl nicht „ihr Ding“. Ruhig zu sein, stillzusitzen und noch dazu diese „dummen Kringel“ zu malen, das könne wirklich keiner von ihr verlangen.

Mein Mann und ich bemühten uns redlich, ihr mit Sprüchen wie „Stell dir vor, wie herrlich es ist, wenn du erst einmal selbst schreiben kannst“, die Schule wieder schmackhaft zu machen.

Doch ohne Erfolg!

Zwei Tage später plünderte sie ihr Sparschwein. Sehr überlegt und ernst teilte sie uns mit: „Ich bin zu dem Entschluss gekommen, Schule ist nichts für mich, wisst ihr, ich kaufe mir lieber eine Sekretärin.“

Das erste Schuljahr war für unsere kleine Familie eine große Qual. Wir waren oft verzweifelt und ratlos. Die Suche nach fachlich kompetenter Hilfe blieb damals erfolglos.

So konnte es nicht weitergehen. Es musste sich etwas ändern.

Zuerst eher notgedrungen – später aus wachsendem Interesse – arbeitete ich mich in den Bereich der Schulprobleme ein. Das Thema fesselte mich, die Nöte dieser Kinder machten mich betroffen.

Allmählich wandte ich der Erwachsenen-Psychotherapie den Rücken zu. Mein Verlangen, den Kindern zur Seite zu stehen, gewann die Oberhand.

Im Laufe der Jahre habe ich bei Weiterbildungen und auf Kongressen, insbesondere in den USA, wertvolle Erfahrungen gesammelt. Die Trainingsprogramme in meiner Praxis basieren überwiegend auf amerikanischen Konzepten und haben sich bewährt.

Heute stehe ich nicht mehr allein da. Die Kinderärztin und Kinderneurologin Dr. Elisabeth Aust-Claus hat ihre Praxis ganz in meiner Nähe. Unsere Zusammenarbeit und der ständige Erfahrungs- und Wissensaustausch kommen den Kindern zugute, die mit ihren Schulproblemen zu uns in die Praxis kommen, und die wir – zum Teil gemeinsam – betreuen.

In unserer Familie ist das Thema Schule mittlerweile kein „rotes Tuch" mehr – wir können heute gemeinsam über die damaligen schwierigen Situationen lachen.

Mit diesem Buch wünschen wir uns, Ihnen positive Anregungen zum Lernen geben zu können, wenn Ihnen zur Zeit allein beim Gedanken an die Schule die Gänsehaut näher liegt als ein Lächeln.

Dipl.-Psych. Petra-Marina Hammer

„Meins kann das schon lange" – und meins? Das Märchen vom „normalen" Kind

Welche Eltern registrieren nicht voller Stolz und Freude all die „Meilensteine", die ihre Kinder bei der Eroberung der Welt erreichen. Jeden Tag passiert etwas Spannendes und Neues. Bei allem Erstaunen über die enorme Lerngeschwindigkeit der „kleinen Persönlichkeiten" schleichen sich jedoch manchmal sorgenvolle Gedanken ein: Ist mein Kind „normal" entwickelt? Braucht es mehr Unterstützung? Wird es sich in der komplizierten Welt behaupten können?

Schon in den ersten Schwangerschaftswochen, wenn auf dem Ultraschallmonitor beim Frauenarzt der Herzschlag und später die Bewegungen des winzig kleinen Wesens aufgezeichnet werden, sind Eltern gefangengenommen von einem verwirrenden Gemisch aus unglaublichen Glücksgefühlen, der Angst vor Verantwortung und der Sorge um das Wohlergehen ihres Kindes. „Ist alles in Ordnung? Hat mein Kind alle Voraussetzungen, einfach und mühelos die Welt zu erkunden und sich gut zu entwickeln? Wie verhalte ich mich am besten in der Schwangerschaft, um meinem Kind den bestmöglichen Start ins Leben zu bieten?"

Diese Gefühle und Fragen begleiten alle Eltern durch alle Entwicklungsphasen.

Vom Baby zum Kindergartenkind: Wie Kinder die Welt entdecken

In welchem Familienalbum findet man sie nicht, die niedlichen Fotos des neugeborenen Babys und der strahlenden Eltern?

***Sophie** ist 3.200g schwer, 51cm groß und unglaublich niedlich. Sie ist gesund und hat alle Voraussetzungen, die Welt zu erforschen. Welch eine Erleichterung!*

> *Das Fotoalbum füllt sich mit vielen glücklichen Momentaufnahmen: Sophie zufrieden im Arm des stolzen Papas; Sophie lächelt bezaubernd; Sophie mit ihrer neuen Rassel; Sophie liebkost ihren Schmusebär; Sophie krabbelt im Sandkasten. Und dann – welch ein Moment: Sophie steht auf und läuft strahlend in Mamas Arme!*

Unser Kind kann laufen – ein großer „Meilenstein" in der Entwicklung ist geschafft.

Im Alter von zwei bis sechs Jahren werden die „kleinen Personen" dann immer selbstständiger und erweitern ständig ihren Aktionsradius. Das „Lernen" mit allen Sinnen, die Entwicklung des Denkens und die zunehmende Kommunikationsfähigkeit überraschen uns jeden Tag aufs Neue.

Nun hören wir nicht mehr nur Kommentare wie: „Ganz der Papa", sondern jetzt wird schon über die besonderen Begabungen spekuliert: „Er wird sicherlich so sportlich wie der Papa", oder: „Sie ist so musikalisch wie die Mama", oder: „Sie ist ja schon so clever. Sie wird sicher auch die Beste im Rechnen sein – wie der Opa."

Alle Eltern wollen das Beste für ihr Kind – und viele auch, dass ihr Kind das Beste wird ...

> ***Sophie** besucht jetzt die „Musikalische Früherziehung" und geht regelmäßig zum Kinderturnen. Sie soll früh an das Klavierspielen herangeführt werden. Außerdem soll sie auch möglichst bald Schwimmen lernen.*

Was aber, wenn sie Klavierspielen „doof" findet und gar keine Lust hat, ins Wasser zu gehen? Oder wenn Sophie alle „Förderangebote" verweigert?

Lassen Sie ihr Zeit! Ohne Spaß am Lernen wird es nicht klappen. Finden Sie auch schon in diesem Alter heraus, was Ihrem Kind besonders viel Freude macht, und wobei es Lust hat, sich spielerisch neue Dinge anzueignen.

Denken Sie immer daran:

Jedes Kind hat seine eigene Begabung und sein eigenes Lerntempo.

- ***Schlussfolgerung:***

Der „Forscherdrang" ist jedem Kind angeboren. Bieten Sie Ihrem Kind also ruhig neue Erfahrungen an, aber zwingen Sie es nicht zu irgendetwas. Ein Überangebot an Fördermöglichkeiten kann nämlich mindestens ebenso schädlich sein wie eine Unterforderung. Denn das Überangebot kann zu Lernmüdigkeit führen, und dann erreichen Sie das Gegenteil von dem, was Sie eigentlich wollen. Als Eltern wissen Sie natürlich, dass nicht alle gleichalt-

rigen Kinder gleich sind. Trotzdem vergleicht man oft, wie unter Zwang, und es schleichen sich manchmal sorgenvolle Gedanken ein.
Eine Mutter erzählt:

> *„Gestern wurde mein Stolz auf unseren Sohn* ***Alexander*** *doch wieder mal etwas in Frage gestellt: Im Schwimmbad kam ich mit Violas Mutter ins Gespräch. Alexander kennt Viola aus dem Kindergarten. Sie hüpft juchzend ohne Schwimmflügel ins Nichtschwimmerbecken. Mein Alexander dagegen drückt sich am Beckenrand herum und traut sich nicht ins Wasser – auch nicht mit dem Schwimmreifen. ‚Wie alt ist Alexander jetzt?' – ‚Vor zwei Monaten sechs geworden', antwortete ich. ‚Aber er hatte schon immer Angst vor Wasser.' – ‚Viola hat im Winter einen Schwimmkurs mitgemacht und ist seitdem eine richtige Wasserratte geworden. In so einem Kurs hätte Alexander bestimmt auch schnell Spaß am Schwimmen gefunden.' Violas Mutter hat gut reden. Wenn sie wüsste, dass wir schon einen kläglichen Schwimmkursversuch hinter uns haben. Alexander hat das ganze Schwimmbad zusammengeschrieen und sich nicht von meiner Seite getraut. Obwohl ich ihm die tollsten Belohnungen versprochen habe, war nichts zu machen. Ich weiß auch nicht, warum gerade mein Sohn so ängstlich und ungeschickt ist."*

Alexander ist kein Einzelfall. Viele Eltern machen sich Sorgen, wenn bei ihren Kindern etwas nicht klappt, was bei anderen angeblich schon lange kein Thema mehr ist.

Robin *(fünf Jahre) wird von seinem Freund eingeladen, bei ihm zu übernachten. Es wäre das erste Mal, dass er nicht in seinem Bett zu Hause schläft. Er ist von der Idee eigentlich ganz begeistert, aber trotzdem sagt er ab. Sein Freund soll ja schließlich nicht wissen, dass er manchmal nachts noch ins Bett macht. Tagsüber hat er die Sache jetzt glücklicherweise im Griff.*

> *Robins Mutter ist dieses Thema genauso peinlich. Denn beim Spieltreff erzählen alle Mütter stolz: „Ein Glück: Er ist sauber. Das ewige Windelnwechseln und die Wäscheberge sind endlich vorbei."*
>
> *Robins Mutter grübelt: „Was sollen wir denn noch tun? Er bekommt abends schon nichts mehr zu trinken, wird nachts geweckt und morgens belohnt,*

wenn das Bett trocken bleibt. Warum lernt er es nicht wie alle anderen Kinder in seinem Alter?"

„Ist es normal, dass ***Steffi*** *mit fünf Jahren noch kein Fahrrad fahren kann? All ihre Freundinnen flitzen schon ohne Stützräder herum." Sie sitzt lieber über ihren Zeichenblock gebeugt und malt.*

Erik *wird im nächsten Monat sechs Jahre alt. In der Kickermannschaft ist er einer der Besten. Er hat Laufen, Fahrradfahren und Schwimmen mit beneidenswerter Leichtigkeit gelernt. Warum kann er dann den Stift noch nicht mit Daumen und Zeigefinger halten? Und warum malt er überhaupt nicht? Ist es schlimm, dass er das S und das K noch nicht gut aussprechen kann? Warum hört er nicht wie seine Schwester Musik? Sollte er nicht schon Lieder auswendig können? Warum ist er so „wortfaul" und erzählt überhaupt nicht von seinen Erlebnissen im Kindergarten?*

Wenn Sie solche Fragen mit anderen Eltern diskutieren, werden Ihnen bestimmt oft noch mehr Unterschiede auffallen. Und dann beginnen Sie sich vielleicht zu fragen: „Was stand noch in dem Buch über die ‚normale Kindesentwicklung'? Was sollte mein Kind alles können?" Alexander, Robin, Steffi und Erik: Sie alle erreichen in einzelnen Entwicklungsbereichen nicht ganz die altersentsprechenden Durchschnittswerte. Was nun?

Das Wichtigste ist: Lassen Sie sich nicht irre machen durch irgendwelche „Normwerte der Entwicklung". Solche Werte sind statistische Durchschnittswerte, die für Sie vielleicht wenig Wert haben, weil Ihr Kind ganz andere Werte hat als der Durchschnitt. Stellen Sie deshalb zuerst eine persönliche Liste für Ihr Kind auf – zum Beispiel so:

- Was kann mein Kind besonders gut?
- Womit beschäftigt es sich am liebsten?
- Welche Dinge vermeidet es immer?
- Lernt mein Kind besser
  - über das Tun und Ausprobieren
  - über das Hinhören und über Erklärungen

– oder mehr über das Gesehene und das Anschauen von Bildern?

- Hat es ein gutes Selbstvertrauen?
- Welche Misserfolge hat es schon erlebt?
- Waren vielleicht auch andere Familienmitglieder in manchen Bereichen – z. B. in der Sauberkeitsentwicklung – etwas langsamer?

Schon von Geburt an gibt es sehr große Unterschiede in der Entwicklung. Denn jedes Kind benutzt seine Wahrnehmungskanäle (siehe Kapitel 2) individuell verschieden.

Zum Beispiel klappt bei manchen Kindern das Lernen am besten über den Körpersinn und das direkte Erspüren und Ausprobieren. Wie bei Erik. Der scheint alles besser verstehen und sich merken zu können, wenn er es im wahrsten Sinne des Wortes **„begreift“,** d.h. er möchte Dinge anfassen, seine „Erfahrungen“ direkt in Bewegung umsetzen. Er hat keinen so guten „Verbindungsdraht“ zu Gehörtem und zu Sprache.

Bei Steffi dagegen ist der „Lernkanal“ über ihre Körperwahrnehmung nicht so stark ausgeprägt. Sie erfasst ihre Umwelt besser über das genaue Beobachten und Erzählen. Dafür malt sie schöne Bilder und erzählt fesselnde Geschichten.

Alexander wiederum ist kein „großer Schwimmer“. Er braucht immer festen Boden unter den Füßen. Vielleicht hat er seine Stärken im phantasievollen Spiel mit Legos und Playmobilfiguren?

Solche Unterschiede finden Sie bei allen Kindern in allen Entwicklungsphasen. Entscheidend ist, dass Sie – anhand Ihrer eigenen Fragenliste – herausfinden, welche persönlichen Schwerpunkte Ihr Kind hat. Denn eins haben alle Kinder gemeinsam: Sie sind neugierig, sie möchten ständig neue Erfahrungen machen und selbstständig werden – auch wenn sie ihre verschiedenen Sinneskanäle noch so unterschiedlich nutzen.

Im Kindergarten tut sich für Ihr Kind plötzlich eine ganz neue, viel größere Welt auf – mit völlig neuen Eindrücken, Erlebnissen und Erfahrungen. Für Ihr Kind ist es jetzt spannend, mit anderen Kindern zu spielen, seine Fähigkeiten im Spiel auszuprobieren und auch „den eigenen Kopf“ durchzusetzen. Alles

Erlebte wird eingebunden in eine fast explosionsartige Weiterentwicklung von Körpergeschicklichkeit, sprachlicher Ausdrucksfähigkeit, Erfinden von Rollenspielen oder anderen kreativen Beschäftigungen und Denkprozessen. Die Kinder lernen sehr schnell, wie sie mit der Gabel essen, mit der Schere schneiden, sich selbstständig an- und ausziehen, Knöpfe und Reißverschluss öffnen, wie sie mit Stiften malen, zuhören, erzählen, telefonieren und sich in einer Gruppe von Kindern zurechtfinden.

So ist es auch bei ***Sophie.*** *Sie ist jetzt fünf Jahre alt. Im Fotoalbum tauchen immer mehr Bilder mit anderen Kindern auf: auf dem Spielplatz, bei der Fahrradtour und von der Feier im Kindergarten.*

Sie macht beim Theaterspielen genauso gern mit wie im Stuhlkreis und beim Basteln. Sie malt kreativ und bringt ihren Eltern fast täglich neue Kunstwerke mit nach Hause.

Frank *besucht seit einigen Wochen denselben Kindergarten wie Sophie. Aber bei ihm läuft nicht alles so glatt. Am liebsten spielt er draußen und tobt wild herum. Franks Mutter: „Bisher haben wir uns über den Bewegungsdrang unseres Sohnes gefreut. Jetzt aber gibt es Klagen von der Kindergärtnerin, dass Frank zu wild sei und es nicht schafft, ruhig am Tisch sitzenzubleiben und etwas zu malen. Es macht ihm einfach keinen Spaß, mit dem Stift zu kritzeln oder sogar schon etwas Erkennbares zu produzieren. Alle Vorschläge, etwas zu basteln oder im Stuhlkreis mitzumachen, weist Frank zurück. Er stört die anderen Kinder."*

Auf den Fotos vom Weihnachtsfest ist Frank gar nicht zu sehen. Er hat nichts mitgemacht und sich unter dem Tisch versteckt. Die Eltern sind von Frank enttäuscht.

Franks Verhalten ist gar nicht so selten. Er soll im Sommer eingeschult werden – und die Eltern fragen sich: „Wird er es schaffen, konzentriert zu arbeiten und Schreiben und Lesen zu lernen?"

Was ist mit Frank los? Ist er wirklich nur der draufgängerische Junge, oder hat er eine Entwicklungsstörung?

Bei unseren Untersuchungen konnten wir Frank eine altersgemäße Entwicklung in fast allen Bereichen bescheinigen. Er ist z. B. beim Hüpfen und Balancieren besonders geschickt. Denkaufgaben meistert er hervorragend. Allerdings lässt er sich schnell ablenken und zappelt herum, wenn er ruhig sitzen soll. Dadurch fällt es ihm schwer, sich auf Beschäftigungen zu konzentrieren, die Ausdauer verlangen – wie z. B. das Malen. Im Kindergarten gibt es darüber hinaus viel zu viele Dinge, die ihn ablenken.

Durch sein Herumhampeln und Kaspern findet Frank keinen Zugang zu Spielen, die Zuhören, Hinschauen und Ausdauer verlangen. So kriegt er leider vieles nicht mit, und manches bleibt ihm vorenthalten.

Er ist nicht dümmer als die anderen, sondern hat sich ganz einfach in eine andere Richtung entwickelt.

Damit Frank sich einen ähnlich großen Erfahrungsschatz wie z. B. Sophie aneignen kann und einen guten Start in die Schule bekommt, muss er lernen, aufmerksam zu werden. So erst kommen seine „Lern- und Sinneskanäle" zum Einsatz, und er wird die nötigen Fertigkeiten beherrschen.

- ***Schlussfolgerung:***

Wenn Ihr Kind in einem Bereich weniger weit ist als andere, bedeutet das nicht, dass Ihr Kind generell nicht altersgerecht entwickelt ist. Wahrscheinlich hebt es sich durch Fähigkeiten auf anderen Gebieten hervor. Spielen Sie Detektiv und finden Sie die besonderen Stärken Ihres Kindes heraus. Ihr Kind wird glücklich sein, wenn Sie seine speziellen persönlichen Fähigkeiten nicht nur erkennen, sondern auch anerkennen. Und das ist die beste Voraussetzung, um Ihr Kind zum Lernen zu motivieren. Und lassen Sie sich auf keinen Fall auf einen Wettbewerb mit Eltern ein, deren Kind „schon weiter ist".

Aufmerksamkeit lässt sich lernen

Bevor das Lernen gelernt wird, muss ein Kind wie Frank erst einmal Aufmerksamkeit lernen. Dazu ist ein fester Tagesablauf mit immer wiederkehrenden Regeln eine gute Orientierungsstütze (siehe Kapitel 4). Bei zu vielen Reizeindrücken wird nämlich die Aufmerksamkeit Ihres Kindes gestört, und es ist abgelenkt. Ihr Kind muss über Zeiteinteilung und Rituale lernen, Tobe- und Ruhephasen auseinanderzuhalten. Wenn es das geschafft hat, wird es bewusster hinhören und hinschauen und so mehr Informationen von außen wahrnehmen und zahlreiche neue Lernerfahrungen machen.

Frank zum Beispiel lernt, einige Minuten ruhig zu sitzen – z. B. bei den gemeinsamen Mahlzeiten – und nicht sofort loszuplappern. Er lernt, beim Erzählen abzuwarten und seinen Bruder ausreden zu lassen. Er bekommt von den gemeinsamen Gesprächen immer mehr mit. Mit der Zeit konzentriert er sich sogar beim Würfelspiel und kann es auch aushalten, mal zu verlieren. Er rastet nicht mehr so schnell aus und wird nicht gleich sauer, wenn er im Kindergarten mitbasteln soll. Mit der Zeit findet er sogar auch Spaß am Malen. Besonders freut Frank sich über das Lob, wenn er kleine Aufgaben meistert. Sein Tag besteht jetzt nicht mehr aus ständigen Ermahnungen, sondern aus lauter kleinen Erfolgserlebnissen, die ihn anspornen, so weiterzumachen.

- ***Schlussfolgerung:***

Geben Sie nicht gleich auf. Niemand kann sein Kind von heute auf morgen dazu bringen, sich plötzlich ganz anders zu verhalten. Die wichtigsten Eigenschaften, die Sie als Eltern jetzt brauchen, sind Engelsgeduld und eine unerschütterliche Zuversicht. Bleiben Sie am Ball und glauben Sie an den Erfolg. Das Wichtigste dabei: Arbeiten Sie nicht gegen Ihr Kind, sondern mit Ihrem Kind. Freuen Sie sich gemeinsam über jeden Etappensieg. So werden Sie zusammen mit Ihrem Kind ans Ziel gelangen.

Vor der Einschulung: Bald beginnt der „Ernst des Lebens"

Schulanfang: Beginnt jetzt der „Ernst des Lebens"?

Diese Frage stellten sich auch die Eltern von Max. Wir lernten ihn einige Monate vor der Einschulung kennen. Seine Eltern waren unsicher, ob ihr Sohn überhaupt „schulreif" sei.

***Max** war gerade 6 Jahre alt geworden. Zum Geburtstag hatte er einen tollen Schulranzen mit einem Fußballspieler darauf bekommen. Apropos Geburtstag: Der Tag war total chaotisch und anstrengend gewesen. Max war aufgedreht und flippig. Er rannte nur herum und hielt sich nicht an die Regeln beim Eierlaufen und Topfschlagen. Immer wollte er bestimmen und alles auf einmal machen.*

*Wenn man Max hörte, dann **wollte** er nicht nur immer alles, sondern er **konnte** auch alles, und zwar nicht nur an seinem Geburtstag. Aber seine Eltern verzweifelten, weil sein Kinderzimmer regelmäßig im Chaos versank. Legosteine und Playmobil flogen durcheinander. An manchen Tagen konnte er allerdings auch über eine halbe Stunde lang mit Legosteinen spielen. Nichts konnte ihn dann aus der Ruhe bringen. Auf andere Spielsachen ließ er sich jedoch erst gar nicht ein. Lieber sprang er in seinem Bett herum oder quengelte, dass jemand mit ihm spielen solle. Er konnte sich außer mit seinen Legosteinen keine fünf Minuten allein beschäftigen. Wenn er zusammen mit seiner Schwester und seiner Mutter „Mensch ärgere dich nicht" spielte, rastete er regelmäßig aus, wenn er verlor. Keiner hatte mehr Lust, mit ihm ein Würfelspiel zu beginnen.*

Die Freunde der Familie hielten sich mit Kommentaren zurück, allerdings sprachen ihre Mienen Bände! Die Großeltern überhäuften die Eltern mit Ratschlägen und Erfahrungen. In der Familie gab es oft Ärger und Missstimmungen.

Die Kindergärtnerinnen fanden Max anstrengend. Wenn alle Kinder malten, erzählte er irgendwelche tollen Geschichten – und sein Zeichenblock blieb leer.

Zu Recht sahen die Eltern der Einschulung mit gemischten Gefühlen entgegen. Einerseits wusste Max schon unglaublich viel. Andererseits eckte er überall an und konnte nicht ruhig sitzen bleiben. Da er immer bestimmen wollte, hatte er kaum Freunde.

Bei unseren Untersuchungen malte Max auch sich selbst.

Das Bild ist zwar etwas schnell hingekritzelt, ist aber eine richtige „Menschzeichnung" für Einschulkinder. Wie man sieht, kann Max sogar schon schreiben (Bild links).

Die Mutter hat auch ein Bild mitgebracht, das Max ein Jahr vorher, also mit 5 Jahren, gemalt hat (Bild rechts).

von Max (6 Jahre)

von Max (5 Jahre)

Im Vergleich der beiden Bilder sehen Sie, wie sich Max innerhalb eines Jahres beim Malen weiterentwickelt hat. Mit fünf Jahren malte Max noch einen sogenannten „Kopffüßler", einen Menschen mit Kopf, Augen, Mund und Beinen. Das ist ein typisches „Männchenbild" eines etwa vierjährigen Kindes. Das räumliche Verständnis, die Körperwahrnehmung und die Stiftführung sind noch nicht so reif wie bei einem Sechsjährigen.

Eine „Menschzeichnung" wird bei fast jeder Einschulungsuntersuchung verlangt. Typischerweise können alle ihrem Alter entsprechend entwickelten sechsjährigen – also „schulreifen" – Kinder in unserem Kulturkreis einen Menschen mit allen seinen Körperteilen zeichnen – meist auch in den richtigen Größenverhältnissen.

Zur Veranschaulichung noch zwei Beispiele für „Menschzeichnungen":

von Martin (5 Jahre)

von Anna (6½ Jahre)

Bei Martin sind zwar mehrere Körperteile gezeichnet, aber nicht an der entsprechenden Stelle platziert. Er wirkt im Zeichnen und beim „Körperschema" noch unreif. Weitere Entwicklungsuntersuchungen sind sicherlich nötig. Das Bild von Anna ist im Vergleich dazu perfekt. Man kann richtig sehen und spüren, dass sie das Malen toll findet und schon lange Bilder malt. Sie hat sicherlich jedes Mal- und Bastelangebot im Kindergarten begeistert angenommen – im Gegensatz zu Max.

Zurück zu Max: Was sollte er (außer „Menschzeichnungen" malen) noch können, um in der Schule klarzukommen? Im Kindergarten kann Max viele Dinge tun, die er tun will und die ihm Spaß machen. In der Schule wird das anders:

- Es wird dann von ihm erwartet, bestimmte Aufgaben in einer bestimmten Zeit zu erledigen.
- Er wird sich daran gewöhnen müssen, dass die Lehrerin Ansprechpartnerin für über 20 Kinder ist.

- Er muss abwarten lernen, seine spontanen Bedürfnisse zurückstellen und sich zielgerichtet konzentrieren.
- Schule bedeutet mehr selbstständiges Arbeiten.
- Die Arbeitsanweisungen werden zunehmend nur mündlich gegeben und es wird nicht mehr alles gezeigt und vorgemacht.
- Das Lernen erfolgt mehr und mehr über die Wahrnehmung mit Augen und Ohren.
- Für Herumturnen, Herumlaufen und ständiges Dazwischenreden wird es oft Ermahnungen geben.

An diesen wenigen Punkten sehen Sie schon: Der Unterschied zwischen Kindergarten und Schule ist riesengroß – vor allem für ein Kind wie Max. Max wird nun feste Regeln im Unterricht lernen, z. B. wann man etwas sagen darf und wann man ruhig sein sollte. Die Lehrerin wird ihn nicht immer wieder daran erinnern, seinen Turnbeutel aus der Sporthalle mitzunehmen. Ebenso sollte er seine Arbeitssachen so gut sortiert haben, dass er selbst alles wiederfindet.

Welche konkreten Hilfen Sie Ihrem Kind geben können, um die völlig neuen Anforderungen des Schullebens zu erfüllen, lesen Sie in Kapitel 5.

- ***Schlussfolgerung:***

Der Wechsel vom Kindergarten in die Schule bringt viele Veränderungen mit sich. Plötzlich sieht Ihr Kind sich vor ganz neue Anforderungen gestellt: Ordnung, Disziplin, Aufmerksamkeit, Konzentration. Das alles will gelernt sein – und es kann auch gelernt werden. Mit Ihrer Hilfe. Sie können Ihrem Kind schon vor der Schulzeit ein organisatorisches „Gerüst" bauen, an dem es sich dann in der Schule festhalten kann. So hat Ihr Kind den Kopf frei, um stressfrei zu lernen. Auch diesen Lernprozess zur Vorbereitung auf die Schule können Sie nicht einfach anordnen und von heute auf morgen durchsetzen. Führen Sie Ihr Kind Schritt für Schritt behutsam an die neuen Anforderungen der Schule heran – und freuen Sie sich gemeinsam über jeden Schritt, den Sie gemeinsam geschafft haben. Weitere Hinweise zum Thema „Schulreife" finden Sie in Kapitel 3.

In der Schule: „Jetzt bin ich schon groß"

Nach dem sechsten Geburtstag bestimmt das Thema „Schule" den Alltag. Die Kinder können den Einschulungstag schon gar nicht mehr erwarten. Sie sind nicht nur gespannt auf den Inhalt ihrer Schultüte, sondern auch auf die Atmosphäre in der Klasse. Sie wollen meist schon direkt mit dem Lesen, Schreiben und Rechnen anfangen.

In keinem Fotoalbum darf das Bild des erwartungsvollen, noch etwas unsicheren Erstklässlers mit seiner Schultüte fehlen.

Wir Eltern erinnern uns schmunzelnd an unseren eigenen Start und die guten Wünsche für den „Ernst des Lebens".

Welche Gefühle haben wir Erwachsenen heute bei der Erinnerung an unseren Schulbeginn? Wie ist die Schulzeit für uns gewesen? Woran erinnern wir uns gern? Was haben wir gehasst? Was wünschen wir unseren Kindern? – Natürlich, dass sie Spaß am Lernen haben und viel damit erreichen.

Die meisten Kinder fühlen sich bei der Einschulung richtig „groß". Sie gehören jetzt nicht mehr zu den „Kleinen" im Kindergarten, sondern tauschen für ein paar Stunden gern die Sandschaufel gegen den Bleistift. Sie können in der Regel schon ihren Namen schreiben und kleine Rechenaufgaben mit den Fingern lösen. Sie sind ganz gespannt darauf, endlich selbst lesen zu können und auf viele Fragen eine Antwort zu bekommen.

Leider kommt es auch vor, dass die Hochstimmung bald sinkt, der Eifer nachlässt, und die Kinder sich nicht so in das neue Umfeld einfügen, wie wir Eltern es uns wünschen. Vielleicht erkennen Sie Ihr Kind in einem der folgenden Beispiele wieder:

***Tim** geht die ersten Tage gern in die Schule. Nach zwei Monaten klagt er aber immer öfter über Bauchschmerzen. Er will nicht mehr allein zur Schule gehen. Jeden Nachmittag gibt es Ärger bei den Hausaufgaben: Tim will nicht anfangen, er diskutiert und muss von seiner Mutter ständig zum Weitermachen aufgefordert werden. Durch die täglichen Reibereien hängt der Familiensegen schief.*

***Pascals** Mutter erzählt: „Pascal hat sich seit seiner Einschulung vor einem halben Jahr sehr verändert: Er traut sich nichts mehr zu, ist aggressiv zu anderen Kindern und verweigert bei der Kunstlehrerin vollkommen die Mitarbeit. Er wird ständig von der Lehrerin ermahnt und von den Klassenkameraden ausgelacht, weil er noch nicht so gut lesen kann. Wir erkennen unseren Sohn überhaupt nicht wieder."*

***Max,** den Sie schon von der Einschulungsuntersuchung kennen, geht zwar noch ganz gern zur Schule, meckert aber ständig über die „doofe Lehrerin". Sie schimpft jeden Tag mit ihm: Er sitzt nicht still, springt dauernd auf, foppt andere Kinder und redet unaufhörlich dazwischen.*

Max denkt: „Schon wieder hat sie mich auf dem Kieker. Immer ich!" Er kann es nicht mehr hören und schaltet auf Durchzug. Dadurch bekommt er meistens nicht mit, was als Hausaufgabe zu machen ist. Der nächste Ärger ist vorprogrammiert.

Wenn es Ihrem Kind ähnlich geht wie Tim, Pascal oder Max, dann stehen Sie nicht allein da.

Solche Schilderungen von Eltern erleben wir jeden Tag in der Praxis. Was tun? Im Gespräch tauchen viele Fragen auf:

- Haben wir unser Kind nicht richtig erzogen?
- Ist die Umstellung unseres Kindes auf die Schule mit festen Arbeitszeiten zu schwer?
- Ist es vielleicht überfordert?
- Ist die Lehrerin zu streng?
- Braucht unser Kind andere Lernmethoden?
- Kann es oder will es nicht lernen?

Darüber hinaus interessiert uns:

- Benimmt sich das Kind auffällig?
- Kann es konzentriert arbeiten?
- Hat das Kind ein Lernproblem oder eine Verhaltensstörung?
- Warum gibt es in einzelnen Fächern starke Leistungsschwankungen?
- Könnte das Kind neben der Schule andere seelische Belastungen haben? Wird es geärgert? Gibt es familiäre Probleme?
- Wie sieht es seit der Einschulung mit der Freizeit aus? Bleibt ihm genug Zeit, sich nachmittags auszutoben und sich von der Schule „zu erholen"?

In den letzten Jahren haben wir viele Kinder mit Schulproblemen kennengelernt. Durch genaue Untersuchungen ihrer Entwicklung und ihres Leistungsvermögens konnten wir die besorgten Eltern zunächst meist beruhigen.

In der Regel verfügten die Kinder über eine „normale" Intelligenz, waren also weder dümmer noch schlauer als ihre gleichaltrigen Schulkameraden.

Allerdings haperte es bei einigen Kindern an der Aufmerksamkeit und an der Arbeitsorganisation. Bei den Hausaufgaben hatten sie jedes Mal das Gefühl, vor einem riesigen Berg Arbeit zu sitzen, den sie nie schaffen würden. Wie können diese Kinder lernen, ohne nervenaufreibende Diskussionen zügig und konzentriert ihre Aufgaben zu erledigen?

Auch hier kommen Sie mit Befehlen und Anordnungen nicht weiter. Sie müssen Ihrem Kind helfen, seine Arbeit und seine Gedanken zu sortieren. Dafür braucht Ihr Kind anfangs Hilfestellungen, damit es sich nicht in einem Wirrwarr von Hilflosigkeit, Unlust und Ängsten verliert. Wie Sie Ihr Kind unterstützen können, erfahren Sie detailliert in den Kapiteln 5 bis 7.

Manchmal stellt sich bei genauerem Nachforschen auch heraus, dass das sogenannte „Schulproblem" mit dem Lernen gar nichts zu tun hat, sondern die Ursache im Umfeld des Kindes gesucht werden muss. Bei einigen wenigen Kindern schließlich wird jedoch eine „spezielle Lernstörung" festgestellt. Mehr darüber erfahren Sie in Kapitel 8.

Alle Eltern, die wir in unserer Praxis kennenlernen, haben eins gemeinsam: Sie sind von den Lern-, Konzentrations- und Verhaltensstörungen ihrer Kinder sehr betroffen. Und sie sind immer bemüht, möglichst schnell Hilfen und Erklärungen für das Verhalten ihres Kindes zu finden.

Leider werden sie oft auch von „Fachleuten" mit den widersprüchlichsten Ratschlägen konfrontiert: „Das wird schon werden" – „Ihr Kind ist ein Spätentwickler" – „Sie müssen mit Ihrem Kind zu Hause mehr üben und Geduld haben" – „Sie müssen strenger sein" – „Lassen Sie Ihr Kind Bewegungsübungen lernen, damit das Gehirn besser aktiviert werden kann" – und, und, und ...

Für sie persönlich existiert allerdings nur eine einzige Frage: „Was ist für mein Kind richtig?". In den folgenden Kapiteln werden wir Ihnen von unseren Erfahrungen berichten, Orientierungshilfen anbieten und Lösungen an die Hand geben.

- ***Schlussfolgerung:***

Wenn es in der Schule Probleme gibt, muss es nicht nur am Lernstoff liegen. Sie werden vielleicht mit – meist gutgemeinten – Ratschlägen überhäuft, doch Pauschalrezepte gibt es nicht. Einfühlsames Herantasten und individuelle Hilfe sind wichtige Voraussetzungen für gezielte Förderung oder eine erfolgreiche Behandlung.

Kapitel 1: Das Wichtigste in Kürze

- Das „normale“ Kind gibt es nicht. Es ist eine Erfindung der Statistiker. Was für andere „normal“ ist, muss auf Ihr Kind noch lange nicht zutreffen. Jedes Kind – auch ihr Kind – ist ein Individuum mit einer eigenen, ganz persönlichen Entwicklung.
- Kinder entwickeln sich nicht nur unterschiedlich schnell, sondern auch mit unterschiedlichen Begabungen. Abweichungen vom Durchschnitt müssen nicht unbedingt alarmierend sein. In der Regel verfügen die Kinder über eine normale Intelligenz, sind also weder dümmer noch schlauer als die „durchschnittlichen“ Gleichaltrigen.
- Beim Wechsel vom Kindergarten in die Schule ändern sich die Anforderungen, die an Ihr Kind gestellt werden. Durch Training von Konzentration und Aufmerksamkeit können Sie Ihr Kind gezielt auf die Schule vorbereiten.
- Nicht alle Probleme, die in der Schule auftreten, haben mit dem Lernstoff oder dem Lernverhalten Ihres Kindes zu tun.

2

Wie lernen wir – und wie entwickeln wir uns?

In diesem Kapitel erfahren Sie ...

- wie unser Gehirn die Flut der Informationen aufnimmt, sortiert und verarbeitet
- welche wichtigen Voraussetzungen wir für erfolgreiches Lernen schaffen können
- warum es wichtig ist, dass Ihrem Kind das Lernen Spaß macht

Das Gehirn: Ein Blick hinter die Stirn des Menschen

Warum fällt meinem Kind das Lernen so schwer? Wie kann ich meinem Kind das Lernen leichter machen? Um auf diese Fragen eine Antwort zu finden, sollten Sie einmal einen Blick hinter die Stirn des Menschen tun – einen Blick ins Gehirn. Wenn Sie wissen, wie das Gehirn arbeitet, dann können Sie auch besser verstehen, wie das mit dem Begreifen, Denken, Behalten und Handeln funktioniert, worum es beim Lernen eigentlich geht – und worauf es beim „Lernen lernen" ankommt.

Unser Gehirn, diese „Denk- und Lernmaschine", ist, wie der Nobelpreisträger John Eccles sagte, „der Kern des Geheimnisses Mensch".

Bevor wir uns auf den Weg in das Innere der Gehirnwindungen machen, schauen wir uns zunächst einige „Äußerlichkeiten" an. Im Durchschnitt wiegt das Gehirn bei einem Erwachsenen rund 1.500 bis 1.600 Gramm, das sind nur etwa 2% des Körpergewichts. Das Gewicht sagt allerdings nicht unbedingt etwas über Intelligenz und Entwicklungsmöglichkeiten aus. Denn dann wären Elefant und Wal wahre Intelligenzwunder. Ihre Gehirne sind mit 5.000 Gramm mehr als dreimal so schwer wie unser Denkzentrum. Auch einer der bedeutendsten Denker – Immanuel Kant – brachte es nur auf ein „Durchschnittsgehirn" von knapp 1.600 Gramm.

Das Gehirn ist mit dem „Kabelsystem" Rückenmark verbunden und bildet mit ihm zusammen die Kommando- und Steuerzentrale aller wichtigen Lebensvorgänge. Im Laufe der Geschichte über Millionen von Jahren hat sich das Gehirn schrittweise entwickelt. Es begann bei den niederen Lebewesen mit ein paar tausend Einzelzellen, die sich darauf spezialisierten, Informationen auf andere Zellen zu übertragen – die ersten **Nervenzellen.**

Aus diesem ersten „Minigehirn" ist vor rund 1,5 Milliarden Jahren der älteste Teil unseres Gehirns entstanden, das **Stammhirn.** Es steuert alle grundlegenden Lebensfunktionen vollautomatisch, ohne unser bewusstes Zutun, z. B. das Atmen, die Kreislaufregulation, den Schlaf-Wach-Rhythmus, Reflexe und automatische Reaktionen. Das benachbarte **Kleinhirn** übernimmt die

Koordination von Nachrichten aus den Sinnesorganen und der Großhirnrinde. Es stimmt unsere Bewegungsabläufe ab und hält uns zusammen mit dem Gleichgewichtssinn in der Balance. 500 Millionen Jahre nach der Entwicklung des Stammhirns bildete sich das **Zwischenhirn** aus. Hier sind viele wichtige Schaltstationen für weitere Lebensvorgänge und Gefühle vereint. So verknüpft es jeden von der Außenwelt kommenden Sinneseindruck mit einem Gefühl: mit Freude oder Angst, Lust oder Schmerz.

Vor 500.000 Jahren schließlich entstand das **Großhirn.** Es besteht aus zwei **Großhirnhälften,** die für unsere Denkvorgänge die Hauptrolle spielen. Diese zwei spiegelbildlichen Hälften tauschen über einen bleistiftdicken Nervenstrang Informationen aus. Im Großhirn sitzen Bewusstsein, Persönlichkeit und Wille. Hier werden alle wahrgenommenen Eindrücke verarbeitet, sodass wir kombinieren, wiedererkennen, uns erinnern, denken und vergessen können. Diese phantastischen Fähigkeiten ermöglichen das Lernen.

Der **linken Hirnhälfte** sind folgende Funktionen zugeordnet:

- Logisches Denken
- Arbeiten mit Zahlen, Begriffen und Mengen
- Sprechen
- Folgerichtiges und analytisches Vorgehen

Die **rechte Hirnhälfte** ist für folgende Funktionen zuständig:

- Einsatz von Phantasie und Intuition
- Ganzheitliches Denken
- Raumorientierung
- Künstlerische Fähigkeiten
- Einsicht und Einbeziehen von Gefühlen und Empfindungen

Das bedeutet allerdings nicht, dass all das dort Wahrgenommene ausschließlich auch dort gespeichert und verarbeitet wird. Es gibt individuelle Varianten und Verknüpfungen. Unser Gehirn und seine Verschaltungen sind so komplex und besonders bei Kindern so variabel, dass z. B. Linkshändern kein größeres Risiko für Lernschwierigkeiten angedichtet werden sollte.

Die Welt der „grauen Zellen"

Wenn wir tiefer in diese Mikrowelt eindringen, stoßen wir auf die einzelnen Nervenzellen, ihre Verbindungen und Verdrahtungen: Die Windungen unseres Großhirns bestehen aus über 15 Milliarden der berühmten „grauen Zellen". Eine astronomische Zahl.

Stellen Sie sich nun unser **Nervensystem** als ein weitverzweigtes **Telefonnetz** vor. **Schaltzentrale** ist das **Gehirn,** das **Rückenmark** ist die zentrale **Leitungsbahn.** Die aus vielen einzelnen Nervenzellen gebildeten Nervenfasern, die allesamt ins Rückenmark hinein- und wieder herausführen wie die feinen Äste eines Baumes, sind die einzelnen **Telefonleitungen.** Alle Fasern aus diesem Verbindungsnetz zusammengenommen bilden eine Strecke von 500.000 Kilometern Länge, länger als die Entfernung von der Erde zum Mond – und das in unserem Kopf!

Pro Sekunde gelangen etwa 10 Millionen Informationen in unser Gehirn – das sind rund 100 Billionen im Laufe des ganzen Lebens. Diese Eindrücke aus der Außenwelt werden über unsere Sinnessysteme vermittelt und mit „körpereigenen" Empfindungen wie Freude oder Schmerz verbunden. Über unser „Telefonnetz" aus Nervenzellen werden sie dann ans Gehirn gemeldet. All diese Nervenzellen übertragen – ähnlich wie beim richtigen Telefonnetz – elektrische Impulse. Dazu wird jede einzelne Zelle einer Leitung „nervös erregt" oder „gereizt" – oft auch viele Zellen gleichzeitig. Das erklärt, dass schon ein einzelner Klang, ein Wort, eine Erinnerung, eine Berührung unsere Aufmerksamkeit wecken, innere Bilder, Gedanken, Gefühle und Reaktionen aktivieren kann – und zwar alles im selben Moment.

Die Übertragung ist ein elektrischer Impuls. Der durch die Zelle fließende Strom ist ungefähr eine Million Mal schwächer als unser Haushaltsstrom. Aber selbst diese schwache elektrische Aktivität können wir heute messen und uns damit ein Bild von der Hirnreifung machen.

Zwischen den Nervenzellen sitzen Schaltstellen – die Synapsen. Sie funktionieren wie Schalter, die auf bestimmte Signale hin einen Kontakt herstellen oder unterbrechen. Etwa 500 Billionen solcher „Schalter" sorgen dafür, dass wir gezielt denken, uns erinnern und bewusst handeln können.

Im Laufe unserer Entwicklung bilden sich bei jedem neuen Eindruck und jedem Lernschritt immer mehr Verbindungskabel und Schaltstellen zwischen den Nervenzellen aus. Dabei spielen sowohl die Erbanlage als auch die Umwelt – und das Zusammenspiel zwischen beiden – eine große Rolle. Dieses Zusammenspiel wird an den beiden folgenden Beispielen deutlich:

***Lena** hat durch ihre Eltern, die beide Musiker sind, eine besondere musikalische Begabung vererbt bekommen. Deshalb wird Lena aber nicht automatisch Konzertpianistin. Sie muss in frühen Entwicklungsphasen ihre Fähigkeiten entdecken und möglichst mit Freude viel üben, um die in ihr schlummernden Talente weiterzuentwickeln.*

*Ihre Freundin **Susanne** hat seit jeher Spaß an der Musik, und sie versucht sich jedes Mal, wenn sie bei Lena ist, am Klavier. In Susannes Familie gibt es weder Berufs- noch Hobbymusiker. Dennoch kann auch Susanne – ohne ererbte Talente – mit Freude und Fleiß musikalische Grundkenntnisse erlangen und mit Spaß ein Instrument spielen lernen.*

Schlummernde Talente – wie bei Lena – entfalten sich nur dann, wenn man sie nicht schlummern lässt, sondern weckt, fördert und weiterentwickelt. Aber auch Kinder wie Susanne können in Bereichen etwas erreichen, in denen sie kein Talent in die Wiege gelegt bekommen haben. Wenn sie entsprechende Impulse, Anregungen und Entwicklungsangebote bekommen.

Unser Gehirn, und damit unsere Fähigkeiten, entwickeln sich ständig weiter. Deshalb können wir täglich Neues lernen – und darum können unsere Kinder auch das Lernen lernen.

Unsere Sinne sind unsere Antennen

Wir entwickeln uns ständig weiter – aber wie? Welche Eindrücke, die Tag für Tag auf uns einstürmen, behalten wir und fügen sie in unsere bisher „erarbeitete“ innere Welt ein? Wie lernen wir Buchstaben zu erkennen, sie zu benennen und zunächst Wörter und dann einen vollständigen Satz zu lesen und zu schreiben?

Wenn Sie diesen Text lesen können, dann deshalb, weil sich bei Ihnen der „Leseprozess“ automatisiert hat. Sie müssen nicht mehr jeden einzelnen Buchstaben analysieren und mühsam mit den vorhergehenden zusammenfügen. Sie erkennen mit einem Blick ganze Wörter und ganze Sätze, verbinden diese mit den Bedeutungsinhalten aus Ihrem Gedächtnis und „lernen“ so neue Zusammenhänge kennen.

Wenn Sie aber den Inhalt dieser Sätze in mehreren Wochen noch wissen möchten, müssen Sie Interesse daran haben **(Lernmotivation)** und es in Ihrem Langzeitgedächtnis abspeichern **(Merkfähigkeit).**

So geht es jedem Kind mit dem Lernen von neuen Dingen. Um etwas Neues zu lernen, brauchen wir neue Informationen. Diese Informationen erreichen uns über unsere **Sinnessysteme,** die Wahrnehmungen bzw. Eindrücke möglich machen und unser Gehirn mit Angeboten versorgen.

Wir haben mehrere Sinnessysteme – „Antennenanlagen“, die auf verschiedenen Kanälen und Frequenzen empfangen:

- Körper- und Bewegungssinn

Er führt dem Gehirn Informationen von Haut, Muskeln und Gelenken zu, damit unsere Bewegung optimal gesteuert werden kann.

- Gleichgewichtssinn

Er vermittelt uns Informationen über unsere Stellung im Raum. Er registriert z. B., ob wir auf dem Boden stehen, Kopfstand machen oder gerade hin und her schaukeln.

- Durch das Hören registrieren wir Laute, Klänge und Sprache, erkennen diese wieder und fügen sie – etwa zu einem Lied – zusammen. Diese Hörwahrnehmung ist besonders wichtig beim Erlernen von Sprache. Wir wissen, dass Kleinkinder Sprache zunächst relativ perfekt verstehen und Laute voneinander unterscheiden können, ehe sie selbst Wörter und Sätze sinnvoll produzieren können.

- Durch das Sehen verarbeiten wir vom Auge aufgenommene Seheindrücke. Wir erkennen nicht nur Dinge wieder, sondern können uns auch Aneinanderreihungen von Zeichen, wie etwa unsere gebräuchlichen Buchstaben, merken. Dieses „fotografische Gedächtnis" erleichtert uns das Lesen.
- Die beiden Sinnessysteme Schmecken und Riechen vernachlässigen wir an dieser Stelle, da sie in unserer Kultur beim Lernen nur eine untergeordnete Rolle spielen.

Die von den Sinnesorganen aufgenommenen Informationen werden über unsere Nervenbahnen dem Gehirn zugeleitet und miteinander in verschiedenen Hirnregionen verschaltet. Dieses System bildet die Grundlage für Kommunikation und damit auch für das Lernen.

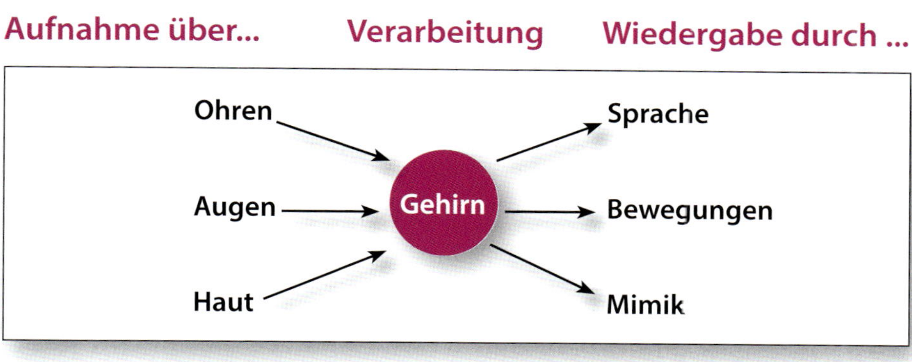

Über unsere Sinnesorgane, wie Ohren, Augen und Haut, werden Eindrücke von außen aufgenommen und ins Gehirn geleitet. Hier werden sie gesammelt, sortiert und ausgewertet. Die verarbeiteten Informationen werden dann wieder durch Sprache, Gestik und Mimik nach außen abgegeben.

Wahrnehmen – Sortieren – Weiterleiten: „Ordnung muss sein"

Damit unsere Sinnesorgane nicht alle Informationen gleichzeitig wahrnehmen, brauchen wir ein vorgeschaltetes **Ordnungszentrum,** das die verschiedenen Reizangebote filtert, bündelt und gewichtet. So versinken wir nicht im Chaos der „Datenschwemme", sondern organisieren unsere Eindrücke und lagern sie in entsprechenden Schubladen ab.

Dieses sogenannte „gezielte Wahrnehmen einer äußeren Ordnung" führt zu einer inneren Ordnung und damit zum Verstehen der Welt.

***Philipp** ist ein recht lebhafter Junge. Er ist immer aktiv und ihm kann nichts schnell genug gehen. Sein Schreibheft sieht chaotisch aus. Oft muss er etwas durchstreichen oder „wegkillern". Beim Abschreiben lässt er in der Eile ganze Silben oder Wortenden weg.*

Beim genauen Analysieren seines Arbeitsverhaltens stellten wir fest, dass Philipp sich sehr schnell durch jedes kleine Geräusch ablenken lässt. Häufig findet er beim Abschreiben die Zeile mit den Augen nicht mehr wieder. Und beim Diktat hört er auch nicht genau hin.

Er hat weder einen Seh- noch einen Hörfehler – er kann sich nur nicht auf einen „Aufnahmekanal", z. B. das Hinschauen und Registrieren eines Wortes beim Abschreiben, konzentrieren. Sein Aufnahmefilter im Ordnungszentrum arbeitet nicht fein genug. Er schaltet die Umgebungsgeräusche nicht in den Hintergrund, sondern scheint sich in den vielen eintreffenden Informationen zu verlieren. Dadurch reagiert Philipp ganz nervös.

Er muss lernen, sich und seine Arbeit besser zu organisieren. Damit die Flüchtigkeitsfehler verschwinden, sollte er seine Augen bewusst auf dem Papier halten und sich nur die einzelnen Wörter zum Abschreiben anschauen. Um das zu lernen, hat Philipp einen Kniff angewandt: Er hat einfach die anderen Wörter und Zeilen mit einem weißen Blatt Papier abgedeckt.

Darüber hinaus hat Philipp gelernt, dass er besser zuhören kann, wenn er gleichzeitig Blickkontakt zur Lehrerin hat. Seit er diese Ratschläge beachtet und kleine Hilfestellungen durch die Lehrerin bekommt, klappt vieles schon besser. Auch zu Hause übt er bei vielen Gelegenheiten. Er lässt sich kaum noch ablenken und hat sich im Zeugnis in seiner mündlichen Mitarbeit und seinem Arbeitsverhalten um zwei Noten verbessert.

Unser Gedächtnis: Ein „Schrank voller Aktenordner"

Noch nie wurde unser Gehirn – und besonders das unserer Kinder – mit so vielen Informationen überflutet wie heute. Durch hektischen Verkehr in der Stadt, durch Fernsehen und wechselnde Aufenthaltsorte wie Kindergarten, Spielplatz oder die Wohnung von Freunden sind auch unsere Kinder schon einer vielfältigen Reizkulisse ausgesetzt. Nicht alle Wahrnehmungen interessieren uns. Wer neue Eindrücke verarbeiten will, muss deshalb Wichtiges blitzschnell von Unwichtigem unterscheiden und das Wichtige gezielt abspeichern können. Das gelingt aber nur dann, wenn die Informationsflut sinnvoll einsortiert wird. Im Gedächtnis werden quasi „Aktenordner" für alle neuen Informationen und Lerninhalte angelegt. Natürlich müssen diese Ordner immer wieder ergänzt und umgruppiert werden.

Wir alle wissen, dass wir beim Lesen eines Buches oder nach einem Gespräch nicht alle Einzelheiten exakt behalten können. Das ist auch gar nicht nötig. Wichtig ist es, die Hauptidee zu erfassen und den "roten Faden" abzuspeichern. Wer gleichzeitig mehrere Dinge tut oder sich stören und ablenken lässt, kann Informationen weniger genau aufnehmen und wiedergeben. Und das erschwert natürlich das Lernen.

Wer also erfolgreich lernen will, muss seine gedanklichen „Aktenordner" im Kopf in Ordnung haben.

Wie aber machen wir das mit dem Anlegen von „Aktenordnern"? Wie funktioniert unser Gedächtnis? Oft hört man den bedauernden Satz: „Ich kann mir ausgerechnet nur das merken, was ich mir nicht unbedingt merken will und vergesse prompt das, was ich unbedingt behalten soll."

Geht Ihnen das auch so? Dann versuchen Sie einmal, die folgenden Fragen zu beantworten:

- Wie lautet die Hauptschlagzeile auf der Titelseite der Zeitung von heute?
- Wissen Sie noch, was sie gestern den ganzen Tag gemacht haben?
- Wissen Sie im Supermarkt immer noch, was Sie einkaufen wollten?
- Mit wem haben Sie heute im Büro alles telefoniert?
- Mit welcher Meldung begann gestern Abend die Tagesschau?
- Erinnern Sie sich noch, was Sie vorgestern Abend gegessen haben?

Nehmen Sie sich ruhig ein paar Minuten Zeit. – Sie wissen alle Antworten? Glückwunsch! Sie haben ein phänomenales Gedächtnis.

Die meisten Menschen können solche Fragen nicht auf Anhieb richtig beantworten – und das ist ganz normal. Unser Gedächtnis ist eben wie eine Schublade, die manchmal klemmt. Vor allem, wenn unser Gehirn von Reizen geradezu überflutet wird, z. B. in besonders hektischen und stressigen Zeiten. Und auch dann, wenn Sie etwas tun oder hören, das Sie nicht sonderlich interessiert. Sie sind dann eigentlich nicht „bei der Sache" oder haben, z. B. beim Fernsehen oder beim Telefonieren, sogar auf „Durchzug" geschaltet.

Das ist auch bei unseren Kindern nicht anders. Auch sie sind nicht immer „bei der Sache". Auch sie schalten manchmal „auf Durchzug". Unsere „lieben

Kleinen" verhalten sich also im Grunde genauso wie wir. Allein diese simple Erkenntnis hilft Ihnen schon, Ihr Kind besser zu verstehen, wenn es sich mal nicht so konzentriert, wie Sie es gern hätten. Und Verständnis ist das Wichtigste, wenn Sie Ihrem Kind beim Lernen helfen wollen.

Damit unsere Gedächtnisschublade nicht überquillt oder klemmt, müssen wir unsere Aufmerksamkeit gezielt auf die Informationsaufnahme richten, die Eindrücke sortieren und Lust haben, sie ordentlich abzulegen.

Zum Lernen brauchen wir:

- **Konzentration:**

Informationen aufmerksam aufnehmen

- **Struktur:**

Eindrücke gliedern und sortieren

- **Lernmotivation:**

Lust haben, die Informationen und Eindrücke ordentlich in „Aktenordner" abzulegen

Das spielt nicht nur beim Lernen und Behalten in der Schule eine Rolle, sondern in allen Lebenslagen – auch für uns Erwachsene. Wenn wir Erwachsenen mal nicht „bei der Sache" sind, geschieht das ja auch nicht in böser Absicht, sondern weil wir durch andere Dinge abgelenkt sind. Auch Max, den Sie inzwischen kennen, gibt sein Bestes – aber leider ohne Erfolg:

***Max** hat gerade Mathe. Alle Kinder sollen ihr Rechenheft aufschlagen und das vierte Kästchen auf Seite 5 bearbeiten. Max bekommt die Aufforderung nicht mit – auch dann noch nicht, als die Lehrerin die Stimme erhebt, die Stirn kraus zieht und ihre Anweisung etwas lauter wiederholt. Dieses kombinierte akustische und optische Signal löst bei den meisten Schülern erhöhte Wachsamkeit aus.*

Sie hören auf zu quatschen und holen ihr Rechenheft heraus. Max hat zwar die gleichen Signale bekommen, deren ernste Bedeutung aber nicht erfasst. Er stört weiter seine Nachbarin und schnipst Papierkugeln in die

Klasse, blickt sogar dabei die Lehrerin freundlich an. Die Lehrerin ist mit ihrer Geduld am Ende. Es gibt für Max – wie fast jeden Tag – ein Donnerwetter. Max ist ehrlich erschrocken und bestürzt, dass er schon wieder den Ärger der Lehrerin auf sich gezogen hat. Er wollte doch heute besonders gut aufpassen.

Max eckt häufig an, da er sich nicht gleichzeitig auf das gesprochene Wort der Lehrerin konzentrieren und ihre Gesten erfassen kann. Es fällt ihm schwer, den Nachdruck in der Stimme der Lehrerin zu erkennen und ihre Anweisungen zu befolgen. Wenn er lernt, Ohren und Augen gleichzeitig „einzuschalten", werden ihm die Anweisungen nicht so schnell entgehen.

Ultrakurzzeit-, Kurzzeit- und Langzeitgedächtnis

Zurück zum Gedächtnis und seiner Funktion. Eines vorweg: Wir haben nicht nur **ein** Gedächtnis, sondern **drei** verschiedene, die sich gegenseitig in ihrer Arbeit unterstützen und ergänzen: Das **Ultrakurzzeitgedächtnis,** das **Kurzzeitgedächtnis** und das **Langzeitgedächtnis.**

Wir können uns das Gedächtnis als einen Speicher, wie den eines Computers, vorstellen, in dem wichtige Informationen aller Art abgelegt und bei Bedarf wieder abgerufen werden können. Wir haben sie dann auf unserem inneren Bildschirm, der Erinnerung, präsent – vor unserem „geistigen Auge" also.

Alles, was wir sehen, hören, spüren, fühlen, wird dem Gehirn von unseren Sinnessystemen über die Nervenbahnen gemeldet. So „verdaut" unser Gehirn in jeder Sekunde Millionen von Sinneseindrücken – wenn wir wach sind natürlich mehr als im Schlaf. Die meisten sind unwichtig oder uns auch nicht bewusst. Dennoch werden sie vom Gehirn gespeichert – in unserem **Ultrakurzzeitgedächtnis.** Der Grund für die ultrakurze Speicherung auch scheinbar unwichtiger Informationen: Wir könnten weder Wörter noch Sätze verstehen, wenn jeder Buchstabe unmittelbar nach dem Lesen bereits wieder vergessen wäre. Wir brauchen die kurzfristige Abspeicherung, um z. B. Buchstaben zu einem Wort und Wörter zu einem Satz zusammenzubringen.

Dass wir nicht alles behalten, rettet uns vor dem „Ertrinken" in der Flut auf uns einstürmender Informationen. Wir wären hoffnungslos überfordert und orientierungslos, wenn wir alles behalten würden.

Während Sie diesen Text lesen, spielen Ihre Kinder vielleicht „Vater, Mutter, Kind", in der Küche läuft das Radio, und es dringt vielleicht Kaffeeduft zu Ihnen. Zwischendurch ändern Sie mehrfach Ihre Körperhaltung, weil Sie unbequem sitzen. Sie nehmen aber weder die Gespräche Ihrer Kinder noch die Geräusche oder den Duft aus der Küche bewusst wahr. Sie achten auch nicht direkt auf Ihre Körperhaltung. Der Grund: Ihr Ultrakurzzeitgedächtnis arbeitet wie ein Pförtner, der jeden neu eintreffenden Sinneseindruck darauf überprüft, ob er wichtig genug ist, eingelassen zu werden. Diese Auswahl dauert nur ein paar Sekundenbruchteile. Die meisten Sinneseindrücke werden nach diesem „Check" wieder gelöscht und vergessen.

Unser Dauerspeicher ist das **Langzeitgedächtnis.** Informationen werden darin wie in einer Datenbank archiviert. Wir „prägen uns etwas ein" und „behalten" es als eine immer wieder abrufbare Information. Das Langzeitgedächtnis ist der wichtigste Teil unseres „Gesamtgedächtnisses".

Das Speichern klappt übrigens besser, wenn Sie das Neue mit bereits Erlebtem, mit eigenen Erfahrungen und Erinnerungen in **Verbindung** bringen können. Sicherlich fallen Ihnen dazu jede Menge eigene Beispiele ein.

Jeder weiß auch aus eigenen Erfahrungen, dass für Ereignisse, die mit starken emotionalen Eindrücken verbunden sind, oft nur eine einmalige Aufnahme zur dauerhaften Speicherung genügt. Wir werden uns auch noch im hohen Alter daran erinnern und davon erzählen können.

Eine weitere Voraussetzung für die Aufnahme in den Langzeitspeicher ist die **Wiederholung.** Erinnern Sie sich einmal an Ihre Schulzeit. Die Vokabeln „saßen" erst richtig, wenn man sie oft wiederholt und „eingepaukt" hatte: Manche lernten durch ständiges Aufsagen (*auditiver* Lerntyp), andere eher über ihren „Sehkanal" (*visueller* Lerntyp), indem sie die Wörter häufig geschrieben und gelesen haben.

Zwischen das Ultrakurzzeit- und das Langzeitgedächtnis ist noch ein weiterer Filter geschaltet: das **Kurzzeitgedächtnis** – ein Zwischenspeicher, der nach dem Prinzip arbeitet: „Alles wegwerfen, aber erst nach und nach wenn es nicht mehr gebraucht wird." Das erleben Sie täglich: Morgens nehmen Sie sich vor, Lebensmittel für abends einzukaufen. Bis zum Einkauf werden Sie alles behalten. Danach vergessen Sie nach und nach, was Sie gekauft haben.

Das Kurzzeitgedächtnis speichert Informationen für ca. 24 Stunden. Danach wird die Information entweder wieder gelöscht oder, wenn sie wichtig genug ist, an das Langzeitgedächtnis zur Speicherung weitergegeben.

Wir wünschen jedem Schulkind, dass die „Langzeitabspeicherung" möglichst gut und schnell klappt. Wie bequem ist es, Wörter auf den ersten Blick zu erkennen oder ganz schnell Zahlen aus dem Einmaleins abzurufen!

Das Sortieren von Reizeindrücken – das bewusste Konzentrieren ist die wichtigste Startbedingung beim Lernen.

Testen sie einmal selbst, wie viele Ziffern Sie sich in der richtigen Reihenfolge merken können: 714212835424956.

Schauen Sie 10 Sekunden hin, und schreiben Sie sie dann auf ein Blatt Papier. – Hat es geklappt?

Nur, wer schon etwas mit Tricks und Kniffen vertraut ist, wird selbst mit dieser 15-stelligen Zahl keinerlei Schwierigkeiten haben. Er hat ganz schnell durchschaut, dass in dieser Zahlenfolge die Ziffer 7 eine entscheidende Rolle spielt: 7-14-21-28-35-42-49-56 – die Siebener-Reihe.

Natürlich geht das Merken von Zahlenreihen nicht immer so glatt. Auch für solche Fälle gibt es Hilfen: Setzen Sie jede Zahl in ein angenehmes Bild um. Denn Bilder kann man sich am leichtesten merken.

Hilfreich ist oft schon, sich Zahlen innerlich geschrieben vorzustellen. Kinder lernen so auch, Wörter richtig zu schreiben. Sie erinnern sich an das „Wortbild" und sehen nach dem Schreiben, ob es „richtig" oder „irgendwie komisch" aussieht. Sie verbinden Höreindrücke mit innerlichen Seheindrücken. Dadurch arbeitet ihr Langzeitgedächtnis mehr als doppelt so gut.

Da die Verschaltungen und die Schwerpunkte in der Informationsaufnahme und der Wahrnehmungsverarbeitung individuell variieren und unterschiedlich ausgeprägt sein können, gibt es unterschiedliche **„Lerntypen“.**

Manche Kinder können viel besser schreiben, wenn ihnen etwas diktiert wird. Sie können sich Gehörtes sehr gut merken, weil sie über ihren „Hörkanal“ lernen. Andere dagegen merken sich am besten Zahlen, wenn sie sie lesen können – und sei es auch nur mit dem „geistigen Auge“. Diese Kinder lernen über ihren „Sehkanal“ oder über ihr „fotografisches Gedächtnis“.

Wie viel wir behalten:

10% von dem, was wir lesen
20% von dem, was wir hören
30% von dem, was wir sehen
70% von dem, was wir hören und sehen
70% von dem, was wir selbst sagen
90% von dem, was wir selbst tun

Aus dieser Liste ersehen Sie, dass das Abspeichern im Langzeitgedächtnis am effektivsten ist, wenn wir mehrere Sinneskanäle und Verknüpfungen mit inneren Bildern gleichzeitig benutzen.

Zum Beispiel ergeben Hören (20%) plus Sehen (30%) nicht 50% (wie es rechnerisch richtig wäre), sondern 70%. Das heißt: Wenn wir Bild und Ton synchron aufnehmen und miteinander verknüpfen, steigert das die Gedächtnisleistung: 20 plus 30 ergibt dann 70.

Diese Zusammenhänge werden zunehmend in pädagogische und didaktische Überlegungen miteinbezogen. Bei vielen Kindern mit Lernstörungen ist es wichtig, neben dem Sehen und Hören zusätzliche Sinnessysteme und verschiedene Verschaltungswege einzusetzen.

Mit positiven Gefühlen **und** guter Lernmotivation geht auch dieser Prozess deutlich leichter – nach dem Motto:

„Nur, was man gern tut, tut man gut“.

Kapitel 2: Das Wichtigste in Kürze

- In unserem Gehirn werden Informationen wie in einer Schaltzentrale aufgenommen, sortiert und verarbeitet
- Die wichtigste Voraussetzung für die Informationsverarbeitung im Gehirn ist eine gute Strukturierung und Ordnung. Beides kann man lernen.
- Jeder Mensch lernt über unterschiedlich stark ausgeprägte Lernkanäle seiner Sinnesorgane. Welche Lernkanäle sich bei Ihrem Kind am besten ergänzen, können Sie leicht feststellen. So können Sie das Lernverhalten Ihres Kindes darauf abstimmen.
- Die Lernmotivation ist wichtig, wenn wir Informationen lange behalten möchten. Nur, was wir gern lernen, lernen wir auch dauerhaft.

3

Ist mein Kind schon schulreif?

In diesem Kapitel erfahren Sie

- wie die Schulreife Ihres Kindes festgestellt wird
- wie Sie sich unabhängig vom Einschulungstest selbst schon ein Bild vom Entwicklungsstand Ihres Kindes machen können

Jedes Kind wird auf seine Weise schulreif

Jedes Kind wird in unserem Kulturkreis zum „Schulkind" – und das für mindestens neun Jahre. Bevor es soweit ist, stellen sich viele Eltern von Kindern zwischen 5 und 7 Jahren Fragen wie: Welche Schule soll es besuchen? Wann soll es eingeschult werden? Welche Voraussetzungen muss es für einen erfolgreichen Start ins Schulleben mitbringen?

Sie werden spätestens an dieses Thema erinnert, wenn ein Brief von der zuständigen Grundschule und vom Gesundheitsamt ins Haus flattert und ihr Kind zu einer Schuluntersuchung eingeladen wird.

In Deutschland werden alle Kinder, die bis zum 1. Juli (in einigen Bundesländern gelten andere Stichtage) ihren 6. Geburtstag feiern, „schulpflichtig" und sollten die Grundschule in ihrem Wohngebiet im Sommer nach den Ferien besuchen. Kinder, die zwischen dem 1. Juli und dem 31. Dezember 6 Jahre alt werden, sind sogenannte „Kannkinder". Sie können auf Antrag der Eltern vorzeitig eingeschult werden. Manche Schulleiter verlangen dafür einen Einschulungstest, der ein grobes Bild über die Lernfähigkeit und das Beherrschen von einzelnen Fertigkeiten, z. B. das Malen, Zählen und die Konzentrationsfähigkeit, aufzeigen soll.

„Ist mein Kind schulreif?" – Diese Frage möchten alle Eltern vor dem Einschulungstag beantwortet haben.

Sie erinnern sich sicherlich noch an Alexander, Robin, Steffi und Erik aus dem ersten Kapitel. Auch deren Eltern möchten eine Antwort auf ihre Fragen finden. Alle vier sind in ihrer Entwicklung und ihren Begabungen sehr unterschiedlich. Alexander ist z. B. beim Ausprobieren von Neuem sehr ängstlich. Er traut sich nicht ins Schwimmbecken. Wenn er dagegen sein Wissen über Autos und die lustige Geschichte aus seinem neuen Buch erzählen kann, ist er nicht mehr zu bremsen. Dann ist er in seinem Element.

Muss Steffi bis zur Einschulung das Fahrradfahren ohne Stützen wirklich beherrschen? Oder reicht es aus, dass sie gern und gut konzentriert die schönsten Bilder malt?

Robin macht nachts manchmal noch ins Bett und schämt sich. Dafür versteht er sehr viel von Tieren und darf sogar beim benachbarten Bauern die Kaninchen und das Fohlen versorgen – das hatte der Bauer bisher noch keinem anderen Kind erlaubt.

Was ist mit Erik? Er ist kein „Sprachgenie" und kann das K und das S noch nicht deutlich sprechen. Er lispelt. Andererseits ist er eine erfolgreiche „Sportskanone".

Wie Sie schon gelesen haben, gibt es verschiedene Lerntypen. Die Sinneskanäle sind verschieden stark ausgeprägt und werden beim Lernen unterschiedlich intensiv eingesetzt. Hinzu kommen die unterschiedlichen Begabungen. Jedes Kind bringt andere Voraussetzungen mit. Jedes Kind hat seine eigene, ganz persönliche Entwicklung. Deshalb seien Sie beim Lesen von Entwicklungstabellen vorsichtig. Auch wenn Ihr Kind bestimmte Durchschnittswerte für das entsprechende Alter nicht erreicht, heißt das noch nicht, dass ein Entwicklungs*problem* besteht.

Was aber ist, wenn der erste Schultag näher rückt und Sie das Gefühl haben, Ihr Kind könne sich vielleicht nicht gut eingliedern?

Im Vergleich zum Kindergarten und sonstigen Spielangeboten wird in der Schule manches anders:

Ihr Kind wird nicht einzeln und sehr individuell angesprochen, sondern sitzt mit 20-30 Kindern in einer Klasse zusammen, die alle den gleichen Lernstoff bewältigen sollen. Damit es innerhalb der Klasse nicht zu großen Unterschieden kommt, gibt es Einschulungsbedingungen, die für alle Kinder gleich sind. Einige dieser Bedingungen haben wir z. B. für Max im ersten Kapitel schon aufgelistet.

Wie alle Kinder soll natürlich auch Ihr Kind einen guten Start in die Schule bekommen, seinen Spaß am Lernen haben – und ihn auch behalten. Um Schulfrust möglichst gar nicht erst aufkommen zu lassen, schauen wir uns deshalb bei der Frage „Schulreif?" am besten mehrere Bereiche der Entwicklung genau an.

So erkennen Sie selbst, wie schulreif Ihr Kind ist

Dabei geht es nicht darum, die Kinder in ein Entwicklungsschema zu pressen, sondern sich ein Bild darüber zu machen, über welche Startbedingungen Ihr Kind verfügt und/oder welche Hilfen Sie – wenn nötig – zu Hause anbieten können.
Die **Denkentwicklung** *(kognitive* Entwicklung) umfasst das logische Denkvermögen, die Merkfähigkeit, die sprachliche Ausdrucksfähigkeit, die Mengenerfassung, das Zahlenverständnis, die Farb-, Form- und Größenwahrnehmung.

Wenn Sie wissen wollen, wie weit die Denkentwicklung Ihres Kindes ist, prüfen Sie einmal, wie viele der folgenden Fragen Sie mit „Ja“ beantworten können.

- Kennt Ihr Kind alle Farben?
- Hat es schon Interesse an Buchstaben und Zahlen?
- Kann es vielleicht schon seinen Namen schreiben?
- Weiß Ihr Kind seinen Namen und sein Alter?
- Weiß Ihr Kind seine Adresse?
- Kann es bis Zehn zählen?
- Kennt es den Würfel und die Würfelzahlen von 1 bis 6?
- Kann es sonst Mengen erfassen?
- Kennt Ihr Kind die Bedeutung von „größer“, „kleiner“, „länger“ und „kürzer“, „mehr“ und „weniger“?
- Kann es Formen, z. B. Viereck oder Dreieck, wiedererkennen und voneinander unterscheiden?
- Kann es sich mehrere Dinge über einen kurzen Zeitraum merken?
- Spielt es gern Memory, Karten- und Würfelspiele oder mit Puzzles?
- Spricht Ihr Kind deutlich, und kann es alle Laute aussprechen?
- Benutzt es beim Erzählen grammatikalisch richtige Sätze?

- Kann Ihr Kind kleine Geschichten nacherzählen?
- Erfindet es eventuell selbst Geschichten?
- Entwickelt Ihr Kind beim Spielen eigene Ideen?
- Kann Ihr Kind z. B. über Streit mit anderen Kindern sprechen?
- Kann es Dinge einfach erklären?

Im Bereich der **körperlichen Entwicklung** und der **Bewegungsentwicklung** (*motorische* Entwicklung) geht es um die körperliche Gesundheit. Dazu gehören unter anderem die Körperlänge und das Gewicht, auch wenn sie, wie vielleicht früher bei Ihrer eigenen Einschulung, nicht die Hauptkriterien für Schulreife darstellen. Um zu sehen, wie es mit der körperlichen Entwicklung Ihres Kindes steht, stellen Sie sich einmal die folgenden Fragen:

- Sieht und hört Ihr Kind gut?
- Beherrscht es seinen Körper gut?
- Kann Ihr Kind sich z. B. allein an- und ausziehen?
- Kann es das Gleichgewicht halten und z. B. auf einem Bein stehen?
- Hat es gut koordinierte, „fließende" Bewegungen, oder ist Ihr Kind „tapsig" und „tolpatschig"?
- Kann es Bewegungen – z. B. den Hampelmann – nachmachen?
- Kann es rückwärts gehen?
- Kann es mit Buntstiften, Schere und Papier umgehen?
- Kann es den Stift mit Daumen und Zeigefinger halten?
- Malt Ihr Kind gern?
- Kann es Linien nachziehen?
- Kann es einfache Formen und Figuren „heraussehen" und erkennbar abmalen?
- Kann es die „Menschzeichnung" malen (siehe Kapitel 1)?

In den Bereich der **sozial-emotionalen Entwicklung** fallen das Kontakt- und Arbeitsverhalten Ihres Kindes, die Aufmerksamkeitsfähigkeit, sein Selbstbewusstsein und die Lernmotivation. Auch hierzu einige Fragen, die Ihnen als Orientierungshilfe dienen sollen:

- Ist Ihr Kind neugierig und gespannt auf die Schule?
- Freut es sich darauf, etwas Neues zu lernen?
- Kann es Enttäuschungen wegstecken?
- Kann es sich allein beschäftigen?
- Bringt es Dinge zu Ende?
- Kann Ihr Kind aufmerksam zuhören und auch abwarten?
- Kann es konzentriert „arbeiten", auch ohne direkten Kontakt zu einem Erwachsenen?
- Kommt es mit anderen gleichaltrigen Kindern gut klar?
- Kann es sich in eine Gruppe einfügen?
- Kann es sich von Ihnen und der gewohnten Umgebung für mehrere Stunden trennen?
- Schließt Ihr Kind leicht Freundschaften?
- Kann Ihr Kind sich bei Gleichaltrigen behaupten?
- Ist es selbstbewusst und nicht übervorsichtig?

Wenn Sie die meisten dieser Fragen

- zur Denkentwicklung
- zur körperlichen und Bewegungsentwicklung
- zur sozial-emotionalen Entwicklung

mit „Ja" beantwortet haben, können Sie davon ausgehen, dass Ihr Kind fit für die Schule ist und sich wahrscheinlich darauf freut, endlich Lesen, Schreiben, Rechnen und vieles mehr lernen zu können. Um ganz sicher zu sein, können Sie die Fragen noch einmal mit der Kindergärtnerin durchgehen. Auch wenn einige Fragen noch offen bleiben, ist das kein Grund zur Sorge. Ein ausführlicher Entwicklungstest und die Vorsorgeuntersuchung U9 beim Kinderarzt können Klarheit verschaffen und Ihnen die Sicherheit geben, über den Zeitpunkt der Einschulung die richtige Entscheidung zu treffen.

- ***Schlussfolgerung:***

Die Antwort auf die Frage „Ist mein Kind schon schulreif?“ lässt sich nicht anhand einzelner Fähigkeiten – oder auch Schwierigkeiten – entscheiden. Wichtig ist vielmehr, dass Sie ein umfassendes Allgemeinbild von der Entwicklung Ihres Kindes haben.

Zahlreiche Kindergärten bieten den Fünfjährigen einige Stunden in der Woche ein sogenanntes „Vorschulprogramm“ an. Dabei werden kleine Vorlagen bearbeitet, die Kinder basteln und machen Spiele im Stuhlkreis, die sie mit den Anforderungen der Schule schon etwas vertraut machen.

Viele Kinder möchten solche „Aufgaben“ auch gern zu Hause lösen. Sie sind ganz begeistert beim „Durcharbeiten“ der im Handel erhältlichen Vorschulhefte – mit Blättern zum Ausmalen, Ankreuzen von Unterschieden, Liniennachzeichnen, Zahlenverbinden, zum Finden von Bildergeschichten, Erkennen von Mengen und zum Zählen. Hier sind zwei Beispiele, wie diese Tests aussehen können:

Male immer so viele Figuren aus, wie die Zahl in dem Kästchen angibt.

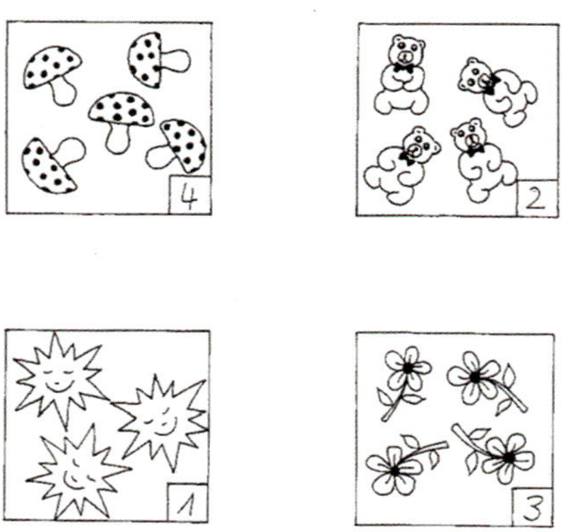

Welchem Kind gehört welches Spielzeug? Verfolge die Linie mit einem Stift.

Kapitel 3: Das Wichtigste in Kürze

- Die Entwicklung Ihres Kindes lässt sich in drei Bereiche unterteilen:
- die Denkentwicklung
- die körperliche und Bewegungsentwicklung
- die sozial-emotionale Entwicklung
- Entscheidend für die Schulreife ist nicht die Ausprägung einzelner Fähigkeiten, sondern das Gesamtbild.
- Wenn Sie die meisten in diesem Kapitel gestellten Fragen zur Entwicklung mit „Ja" beantwortet haben, können Sie davon ausgehen, dass Ihr Kind schulreif ist.

4

„Mama, ich will nicht in die Schule!" – Was steckt dahinter?

In diesem Kapitel erfahren Sie ...

- wie Sie die Ursachen von Lernproblemen und Schulfrust herausfinden können
- wie Eltern und Kinder Lernprobleme gemeinsam gelöst haben
- wie Sie als Eltern mit Ihrem eigenen Verhalten das Verhalten Ihres Kindes positiv beeinflussen können

Fallbeispiele

Kathrin, der hässliche Frosch

Der Morgen fing mit Gezeter wegen der Anziehsachen an. Er endete damit, dass sich ***Kathrin*** *ganz massiv weigerte, in die Schule zu gehen. Sie krallte sich am Treppengeländer fest und schrie: „Ich gehe nicht in die Schule – nie mehr“. Ihre Mutter war verwundert und ratlos. Das passte gar nicht zu ihrer Kathrin. Sie war doch sonst immer gern in die Schule gegangen.*

Nach langem Hin und Her und unter Tränen stellte sich folgendes heraus: Der grüne Cordanzug war schuld, den sie immer nur unter dem Druck der Mutter angezogen hatte. Immer, wenn sie mit diesem Cordanzug in der Schule auftauchte, erntete sie Spott und Hohn. Einige Kinder umzingelten sie dann und riefen: „Na du hässlicher Frosch, quak, quak. Vielleicht sollte dich mal einer küssen, damit eine hübsche Prinzessin aus dir wird. Aber bei dir wird ein Kuss wohl kaum reichen,“ und alle lachten. Auch während des Unterrichts wurde Kathrin dauernd geärgert: Aus irgendeiner Ecke im Klassenzimmer ertönte ein „quak“ und alle Augen richteten sich auf Kathrin.

Kathrins Mutter hatte Verständnis für die missliche Lage ihrer Tochter. Ab sofort brauchte Kathrin den Cordanzug nicht mehr in der Schule zu tragen und fortan ging sie morgens wieder ohne Schwierigkeiten aus dem Haus. Anziehsachen wurden seit diesem Tag nur noch gemeinsam eingekauft.

Das Beispiel von Kathrin zeigt, wie negativ sich ein Abweichen von der Allgemeinheit – hier war es der grüne Cordanzug anstatt Jeans – auf Kinder auswirken kann. Individuelles Auftreten und Verhalten macht Kinder schnell zu Außenseitern. Denn die meisten Kinder sind nicht stark genug, um diesem Gruppendruck standzuhalten. Sie reagieren mit Ausweichen oder Flucht. Aber das geht nicht nur den Kindern so. Auch viele Erwachsene passen sich lieber an als aufzufallen. Auf einer Party in schicker Abendgarderobe zu erscheinen, wenn alle anderen locker angezogen sind, bereitet den meisten Menschen „ein unwohles Gefühl“ – auch ohne anzügliche Bemerkungen der anderen Gäste.

In Kathrins Fall war die Lösung des Problems einfach. Kleidung kann man frei wählen. Aber es gibt auch schwierigere Fälle, wie z. B. bei Lisa.

Lisa, das Schweinchen Dick

Es gab keinen Tag, an dem ***Lisa*** *freiwillig in die Schule ging. Jeden Morgen gab es Streit. Wenn ihre Mutter fragte, warum sie denn nicht zur Schule wolle, sagte Lisa nur: „Ich will eben nicht“.*

Per Zufall beobachtete ihre Mutter dann eines Tages die folgende Szene: Lisa stand allein am Rande des Schulhofs. Sehnsüchtig beobachtete sie die anderen beim Gummitwist-Spiel. Es dauerte eine Weile, dann hatte sie wohl Mut gefasst und ging zu den anderen hin. Was Lisa sagte, konnte ihre Mutter nicht hören, laut und deutlich vernahm sie dagegen die Antwort einer Mitschülerin: „Hast es wohl immer noch nicht kapiert, du bist uns zu fett, mit dir spielen wir nicht. Du siehst aus wie ein Schweinchen“. Daraufhin rief ein anderes Mädchen: „Lisa, das Schweinchen, Lisa ist ein Schweinchen.“ Mit hängendem Kopf ging Lisa von dannen. Den Tränen nahe verließ Lisas Mutter ungesehen den Schulhof. Als ihre Tochter nach Hause kam, besprach sie liebevoll mit ihr, was sie gesehen hatte. Als sie Lisa fragte, warum sie ihr denn nie etwas darüber gesagt hatte, sah sie ihre Mutter an und meinte: „Mama, ich hab dich doch lieb. Wenn ich was gesagt hätte, wärst du bestimmt noch trauriger gewesen als ich, weil du ja noch viel dicker bist.“

Lisas Mutter holte sich bei der Klassenlehrerin Rat. Sie besprach den Vorfall mit ihr – und dann vollbrachte die Klassenlehrerin wahre Wunder.

Sie arrangierte einen Lesewettbewerb zwischen den Parallelklassen. Lisa, eine hervorragende Leserin, gewann den Preis für ihre Klasse. Lisas Ansehen stieg. Außerdem „verkuppelte“ die Lehrerin Lisa mit einem anderen Mädchen aus der Klasse, das ebenfalls Außenseiterin gewesen war.

Lisas Mutter hatte der Vorfall nachdenklich gemacht – sie stellte die Ernährung der ganzen Familie um. Heute ist Lisa ein hübsches, glückliches Mädchen. Ängste, in die Schule zu gehen, gibt es schon lange nicht mehr.

Uli, das elektrisierte Monster

Uli hat eine Tic-Störung; wenn er aufgeregt ist, zuckt er viele Male hintereinander mit dem Kopf.

In der Schule zeigt sich diese Störung meist sehr ausgeprägt im Deutschunterricht. Deutsch fällt ihm schwer. Er hat Angst zu versagen, und das Zucken tritt immer wieder im Unterricht auf. Uli wird von den Mitschülern gehänselt. Sie rufen ihm nach: „Seht mal da, unser elektrisiertes Monster.“

Uli mag nicht mehr in die Schule gehen. Er hat Angst vor den Mitschülern und hasst seinen Körper. Je mehr er sich bemüht, das Zucken zu beherrschen, umso heftiger tritt es kurze Zeit später auf. Er schämt sich sehr und ist schrecklich unglücklich.

Im Fall von Uli half eine Aufklärungskampagne über Tic-Störungen in der Schule – für Eltern wie auch für Schüler – Verständnis für diese Krankheit aufzubringen. In der Klasse wurden ganz ausführlich Stärken und Schwächen und die inneren Werte eines Menschen besprochen. Der Fall Uli brachte die gesamte Schule zum Nachdenken. Die Projektwoche unter dem Motto „Was ist, wenn ich nicht bin wie die anderen?“ wurde ein voller Erfolg.

Uli hat seinen Tic zwar immer noch – aber jetzt geht er wieder gern zur Schule. Weil seine Mitschüler ihn nicht mehr hänseln, sondern respektieren.

„Mama, ich will nicht in die Schule!“ – Was steckt dahinter?

Julian, der Feigling

***Julian** klagte seit Wochen jeden Morgen vor dem Gang in die Schule über Bauchschmerzen bis hin zum Erbrechen. Seine Kinderärztin konnte keine körperlichen Ursachen feststellen. Seine Eltern waren verzweifelt.*

Aufgeregt und ängstlich erschien er zum Gespräch in der kinderpsychologischen Praxis.

Erst nach einigen Sitzungen wagte er zu berichten: „Keiner in der Klasse will mehr mit mir spielen. Nur; weil ich bei der ‚Mutprobe' nicht mitgemacht habe. Deshalb hat der Moritz mit seiner Bande allen anderen verboten, mit mir zusammen zu sein. Am meisten Angst habe ich vor dem Schulweg und der Pause. Der Moritz macht sich jedes Mal über mich lustig, was ich doch für ein feiger Hund bin. Alle lachen über mich."

Auf Nachfragen, um was für eine Mutprobe es denn da gehe, antwortete Julian: „Jeder musste im Supermarkt etwas klauen. Das konnte ich einfach nicht. Meine Eltern wären furchtbar enttäuscht von mir; wenn ich so was machen würde. Manchmal denke ich aber; es wäre jetzt alles einfacher, wenn ich doch mitgemacht hätte. Ich weiß nicht mehr weiter."

Das war eine Angelegenheit, die an den Schulleiter weitergegeben wurde. Der Schulleiter besprach den Vorfall mit den betreffenden Kindern und auch mit deren Eltern. Gemeinsam wurde das Problem dann gelöst. Und zwar probten die Kinder von da an ihren Mut im nahegelegenen Altersheim: Sie lasen einem sehr griesgrämigen älteren Herrn die Zeitung vor. Außerdem musste sich jedes Kind der Bande verpflichten, für andere etwas Gutes zu tun, anstatt sie zu schädigen. Gemeinsam traten sie den Pfadfindern bei.

Carl, der Verängstigte

***Carl** klammert sich verzweifelt an seine Mutter „Nein, ich gehe nicht in die Schule. Ich bleibe bei dir Ich gehe ohne dich nirgendwo hin." Tag für Tag, seit nunmehr drei Wochen, dasselbe Spiel: Carl will einfach nicht allein aus dem Haus gehen. Die Mutter bittet, droht, verspricht Belohnungen – doch nichts hilft. Er begleitet sie sogar zum Einkaufen in den Supermarkt, statt wie üblich auf dem nahegelegenen Spielplatz auf sie zu warten.*

Bis vor drei Wochen hatte es mit Carl niemals Probleme gegeben. Er war ein aufgeschlossenes, pfiffiges Kerlchen. Angst kannte er nicht.

Vor drei Wochen allerdings war Carls Vater Hals über Kopf ausgezogen. Er hatte seine Siebensachen gepackt, als keiner im Haus war, und war klammheimlich weggegangen. Von diesem Tag an wagte sich Carl ohne seine Mutter nirgendwo mehr hin. Er hing ihr förmlich am Rockzipfel.

Carls Reaktion war mehr als verständlich. Er hatte Panik, auch noch seine Mutter zu verlieren, wenn er sie aus den Augen ließ. Er fühlte sich nur sicher, wenn er sie in seiner Nähe wusste. Nur wenn er sie sah, dachte er, könne er das Schlimmste verhindern.

Carls Mutter erkannte das Problem und fand eine Lösung: Sie schloss mit Carl Verträge ab. In diesen Verträgen versicherte sie ihm schriftlich, wann und wo sie ihn abholen würde, bzw. wann sie zu Hause sein würde. Völlig zuverlässig, niemals auch nur eine Minute zu spät, hielt sich seine Mutter an die aufgestellten Vereinbarungen. Ganz allmählich konnte Carl dann sein Vertrauen wiederfinden und den Versicherungen seiner Mutter glauben, sie werde ihn nicht verlassen.

Michael, der Partner-Ersatz

> ***Michael*** *ist ein Scheidungskind. Vor zwei Monaten trennten sich seine Eltern. Von da an besuchte er immer seltener die Schule.*
>
> *Michael ist zusammen mit seiner Mutter aus dem schönen Haus ausgezogen. Sie wohnen nun ein paar Straßen weiter in einer kleinen Mietwohnung. Seitdem kränkelt seine Mutter. Sie weint sehr viel und wagt sich nicht mehr raus.*
>
> *Jeden Morgen, wenn sich ihr Sohn für die Schule fertig macht, weint sie und sagt: „Du bist mein Ein und Alles. Außer dir habe ich niemanden mehr auf der ganzen Welt. Was soll ich bloß den ganzen Vormittag allein machen? Ich fühle mich so elend."*
>
> *Als Michael sagt: „Ich gehe heute nicht in die Schule, ich bleibe bei dir", schließt sie ihn liebevoll in die Arme – und Michael bleibt zu Hause.*

Nachdem Michaels Mutter eine Therapie begonnen hatte und ihr klar wurde, dass sie ihr Kind als Beschützer missbrauchte, lernte sie loszulassen. Von da an ging Michael wieder regelmäßig in die Schule.

Olivia, die Klette

> ***Olivia*** *schreit schon vom zweiten Schultag an: „Nein, ich gehe nicht in die Schule, Mama! Ich will lieber bei dir bleiben!" Und schon rennt sie weg und versteckt sich irgendwo im Haus. Ein Katz-und-Maus-Spiel zwischen Mutter und Tochter beginnt.*
>
> *Olivia war bis zum Schulbeginn nirgendwo allein hingegangen. Immer war ihre Mutter in ihrer Nähe gewesen. Für den Kindergarten war sie zwar angemeldet gewesen, hatte ihn aber nie besucht, weil sie mit ihrer Weigerung bei ihrer Mutter immer durchgekommen war. Mit der Einschulung wurde das natürlich zum Problem.*

Und damit begann für Olivia und ihre Mutter eine harte Zeit: Olivia musste lernen, die ersten Schritte ohne ihre Mutter zu wagen – und plötzlich musste sie auch die Anweisungen ihrer Mutter ernst nehmen. Für Olivia, die „wohlbehütet" aufgewachsen war, aber ihren Willen immer gegen ihre Mutter hatte durchsetzen können, brach die heile Welt zusammen.

Auch ihre Mutter hatte das Gefühl, vor einem Scherbenhaufen zu stehen. Als Olivia auf die Welt gekommen war, hatte sie sich fest vorgenommen, eine „richtig gute Mutter" zu werden: mit viel Liebe immer für ihre Tochter da zu sein und das kleine Wesen so wenig wie möglich in seinen eigenen Wünschen einzuschränken. So sollte Olivia aufwachsen.

Nun aber musste sie plötzlich völlig umdenken und viel Mühe investieren, um die Erziehung umzustellen. Sie musste sich behaupten und konsequent sein – und das auch noch ohne das Gefühl, eine Rabenmutter zu sein. Nur ganz allmählich konnte sich Olivias Mutter mit dem Gedanken vertraut machen, dass Erziehung und Liebe nicht nur Festhalten bedeuten, sondern vor allem eine angemessene Vorbereitung auf ein selbstständiges Leben in unserer Gesellschaft.

Lars, der Morgenmuffel

Lars liebt es, abends so lange wie möglich fernzusehen. Morgens ist er dann schlapp, müde und viel zu faul um aufzustehen. Wenn seine Mutter morgens an seinem Bett steht, schaut er sie mit seinen treuen blauen Augen an und jammert: „Ach, Mama, mir geht es wieder gar nicht gut. Ich möchte zu Hause bleiben. Du weißt ja, wenn es mir nicht gut geht, kann ich nicht aufpassen, und es wird wieder nur Ärger in der Schule geben."

Lars' Mutter steht morgens unter Zeitdruck Sie muss pünktlich zur Arbeit kommen. Und wenn sie sich auf langes Diskutieren einlässt, wird sie sich verspäten. Resigniert sagt sie: „Na gut, dann bleib heute zu Hause, aber nur noch dieses eine Mal."

Nachdem die Mutter das Haus verlassen hat, schläft Lars erst noch eine Runde, dann verbringt er den Rest des Vormittags mit seiner Lieblingsbeschäftigung: dem Fernsehen. Immer öfter fehlt Lars in der Schule, bis er sich schließlich ganz weigert hinzugehen, weil er merkt, dass er sowieso nicht mehr mitkommt.

Hilflos wendet sich die Mutter an den Schulpsychologen. Viele Möglichkeiten – wie auch die Einführung eines Punkteplans mit Belohnungssystem – werden erwogen, aber wieder verworfen. Denn welche Belohnung könnte schon größer sein als die, die Lars sich ohnehin jeden Morgen selbst verschafft – indem er sich weigert, zur Schule zu gehen: Er bekommt ja auch so schon seinen Willen.

Gemeinsam mit den Eltern wird nun beschlossen, dass der Vater das „In-die-Schule-Bringen“ übernimmt. Mit sanfter Gewalt – d.h. er trägt ihn ins Auto und manchmal sogar bis ins Schulgebäude – sorgt er dafür, dass Lars jeden Morgen in seiner Klasse erscheint. Außerdem wird der Fernseher abends nicht mehr eingeschaltet. Dadurch bekommt Lars endlich genügend Schlaf und ist am nächsten Morgen auch nicht mehr zu müde für die Schule. Wenn eine besonders interessante Sendung läuft, wird sie auf Video aufgenommen und am nächsten Tag angeschaut. Nach drei Wochen konsequenten Handelns geht Lars wieder ohne Murren in die Schule.

- ***Schlussfolgerung:***

Nicht jede Schulverweigerung hat etwas mit Angst vor dem Unterricht zu tun. Wenn Ihr Kind nicht in die Schule gehen will – und vor allem, wenn es vorher keine Probleme gegeben hat – sollten Sie hellhörig werden und auch nach anderen Ursachen suchen – z. B. im sozialen Umfeld.

Was wir in unseren Praxen jedoch als häufigste Ursache für „Ich will nicht in die Schule gehen“ sehen, sind echte **Schulschwierigkeiten, d.h. Lernschwierigkeiten.** Mehr dazu in den nächsten Kapiteln.

Kapitel 4: Das Wichtigste in Kürze

- Sie haben verschiedene Ursachen für Schulprobleme und Lernschwierigkeiten kennengelernt.
- Viele dieser Schwierigkeiten haben ihre Ursache in der Familie, im Freundes- und Bekanntenkreis und nicht in der Schule.
- Häufig sind es Kleinigkeiten, die Ihrem Kind das Lernen erschweren können. Durch genaues Hinhören und Hinsehen können Sie die Ursachen dafür leicht aufdecken. Durch entsprechende Korrekturen können Sie schnell Abhilfe schaffen.

5

Wie vermeiden wir Lernmisserfolge?

In diesem Kapitel erfahren Sie ...

- was Sie schon im Vorfeld dafür tun können, dass Ihr Kind gut und gern lernt
- warum Erfolge außerhalb der Schule genauso wichtig sind wie Erfolge in der Schule

„Schule ist doof" – der Teufelskreis des Misserfolgs

Was tun, wenn die Schule Bauchschmerzen macht?

„Null Bock auf Schule" schon in der Grundschule?

Ja, so etwas kann man auch von Zweit-, Dritt- oder Viertklässlern hören. Dieser Spruch ist leider nicht nur eine Protestreaktion in der Pubertät, sondern oft schon ein Hilfeschrei bei jüngeren Schülerinnen und Schülern.

***Sarah** (3. Klasse) findet seit einigen Wochen Schule und Lernen überhaupt „ätzend". Ihre Leistungen waren bisher immer durchschnittlich. Aber seit Anfang des Schuljahres hat sie schlechtere Noten. Im Diktat hat sie wegen „Schusselfehlern" eine 4 kassiert.*

> *Jetzt möchte sie morgens am liebsten im Bett bleiben. „Wenn ich nur an die Schule denke, wird mir schon schlecht. Ich vergesse bei der Klassenarbeit sowieso alles, was ich in den letzten Tagen zu Hause geübt habe. Schon beim Austeilen der Arbeitsblätter kriege ich Herzklopfen. Ich bin manchmal so aufgeregt, dass ich ganz durcheinander bin und meine Hände zittern."*

***Lena** (4. Klasse) hat schon viele Einträge ins Klassenbuch bekommen. Im letzten Monat hat sie acht Tage unentschuldigt gefehlt. Bei einem Elterngespräch stellt sich heraus, dass Lena die Schule „geschwänzt" hat und den ganzen Vormittag durch die Stadt gebummelt ist.*

> *Sie selbst findet dieses Verhalten auch nicht toll. Beim gemeinsamen Gespräch ist sie verzweifelt: „Es tut mir leid, dass ich so bin. Aber andere Kinder machen alles besser. Die Lehrerinnen sind alle doof. Ich habe zwar nicht viel auf, aber ich hasse Hausaufgaben."*

Es gibt viele Kinder mit Schulverdrossenheit und Versagensängsten. Nicht alle Kinder äußern ihre „Null Bock auf Schule"-Gefühle direkt und schwänzen den Unterricht wie Lena. Oft verbergen sich die Gefühle hinter häufigen morgendlichen Bauchschmerzen, Übelkeit oder anderen Beschwerden. Solche körperlichen Beschwerden, die in der Regel nicht vorgetäuscht werden, sind wirklich da und für die Kinder sehr unangenehm.

Die Mutter von ***Benjamin*** *(9 Jahre, 3. Klasse) erzählt: „Benjamin leidet seit längerer Zeit morgens an Übelkeitsanfällen und Erbrechen, für die es organisch keine Ursache gibt. Er ist im Begreifen einer der Besten in der Klasse. Das Lernen fällt ihm eigentlich leicht. Allerdings ist er bei den Klassenarbeiten wie blockiert. Obwohl er zu Hause alles kann, schafft er bei Klassenarbeiten keine bessere Note als eine 3. Manchmal gibt es sogar einen Ausrutscher, und er schreibt eine 5. Er ist deshalb ärgerlich und wird schnell wütend. Seinen Frust bekommen wir zu Hause zu spüren. Er terrorisiert besonders mich, da er auch kleine Misserfolge nicht gut verkraften kann."*

Bei der Überprüfung seiner Leistungsstärken und -schwächen kam ein für die Mutter sehr überraschendes Ergebnis heraus: Benjamin ist überdurchschnittlich begabt! Die Anforderungen in der Schule sind angesichts seiner Intelligenz viel zu niedrig für ihn. Seine Leistungsmöglichkeiten wurden weder von der Lehrerin noch von den Eltern bemerkt, weil er bei den Klassenarbeiten immer so durcheinander ist. Er sagt: „Ich hatte wieder ein Brett vor dem Kopf."

Er selbst zweifelt am meisten an seinen Fähigkeiten, hat Angst vor Arbeiten und klagt über „Schulbauchschmerzen". Er spürt, dass er eigentlich gut denken kann, dass er es aber nicht zu Papier bekommt. Dazu ist er viel zu nervös. Was ist zu tun?

Benjamin muss dringend lernen, seine Arbeit zu organisieren. Konkrete Tipps und Anleitungen dazu finden Sie in den beiden nächsten Kapiteln.

Melanie (1. *Klasse) hat nach acht Monaten Schule das erste Wortdiktat geschrieben. Sie hat mit ihrer Mutter täglich Schreiben geübt, weil es bei ihr irgendwie nicht so richtig klappen wollte. Nach dem Diktat ließ die Lehrerin die*

Banknachbarn die Hefte tauschen. Die diktierten Wörter wurden korrekt an die Tafel geschrieben, und der Nachbar korrigierte die Fehler. Melanie hatte bis auf ein Wort alle falsch – ihre Freundin neben ihr alle richtig. Viele Kinder riefen in die Klasse: „Ich habe alles richtig!" Ein paar Kinder blieben betreten sitzen. Ein Junge schrie: „Guck mal, die Melanie, die hat fast alles falsch! Mann, ist die doof!" Obwohl die Klassenlehrerin den Schreihals sofort energisch maßregelte, machte sich Melanie ganz klein an ihrem Platz. Sie schämte sich. Und schon jetzt hat sie Angst vor nächster Woche, wenn wieder ein Kurzdiktat geschrieben wird.

Melanie erlebt den Misserfolg nicht nur hin und wieder, sondern fast täglich. Meist nicht nur vormittags in der Schule, sondern auch nachmittags zu Hause beim Lernen mit ihrer Mutter, die inzwischen mit ihrer Geduld oft am Ende ist. Die ständigen Misserfolge nehmen Melanie den Spaß und die Freude am Lernen.

Nicht nur Melanie leidet unter den Lernmisserfolgen. In der Familie bestimmen Ratschläge und auch Vorwürfe irgendwann alle Gespräche. Alle wollen ihr helfen, vergessen dabei aber häufig, dass das Leben auch noch aus anderen Dingen besteht als aus Schreiben.

Am meisten aber leidet die Mutter. Denn sie wird für die Entwicklung verantwortlich gemacht. „Sie müssen mehr mit Melanie üben", oder: „Melanie hat so wenig Selbstvertrauen. Stimmt zu Hause irgendetwas nicht?" Solche und ähnliche Bemerkungen verunsichern Melanies Mutter – und sie fühlt sich verantwortlich für den Misserfolg ihrer Tochter. Sie ist schon ganz durcheinander, und die Sorgen und Gedanken um ihre Tochter drehen sich im Kreis: „Warum kann Melanie nicht so gut lernen wie alle anderen Kinder in ihrer Klasse? ... Ist sie nicht intelligent genug oder faul? ... Sie kann ja, wenn sie will! ... Müsste sie härter angefasst werden? ... Bin ich zu nachgiebig? ... Was soll ich noch alles tun? ... Haben wir sie falsch erzogen?"

Der Mutter wird es immer unangenehmer, sich mit anderen Müttern über die Schule und Melanies Fortschritte zu unterhalten. Es ist ihr peinlich. Sie vermeidet immer mehr solche Kontakte. Sie möchte sich nicht immer die tollen Erfolge von Melanies Mitschülern anhören und sie dann auch noch bewundern müssen. Ihre Gefühle schwanken zwischen Enttäuschung, Schuldgefühlen und Hilflosigkeit.

Was ist für Melanie und ihre Familie hilfreich? Und was können Sie tun, wenn Sie und Ihr Kind in einer ähnlichen Lage sind?

Um zunächst aus dem Kreislauf der negativen Gefühle herauszukommen, sollten Sie das Lernproblem Ihres Kindes wie ein Detektiv erforschen und einkreisen. Sie sollten herausfinden, was Ihr Kind besonders gut kann, oder was nur mühsam klappt. Dabei hilft Ihnen die folgende Liste:

- Wie steht es mit der Lernmotivation – wie gern lernt Ihr Kind?
- Geht Ihr Kind gern zur Schule?
- Womit befasst sich Ihr Kind am liebsten?
- Ist Ihr Kind mit allem in der Schule überfordert, oder sind es nur einzelne Bereiche, z. B. das Schreiben, die besonders schwer fallen?
- Kann Ihr Kind ausdauernd arbeiten, oder lässt es sich leicht ablenken und zappelt herum?
- Trödelt Ihr Kind bei den Aufgaben und träumt vor sich hin?
- Gibt es am Anfang der Hausaufgaben ständig Diskussionen?
- Wie ordentlich klappt die Heftführung?
- Ist Ihr Kind in seinen Gedanken sehr sprunghaft und muss ständig irgendetwas erzählen, was mit der Aufgabe nichts zu tun hat?
- Wie steht es allgemein um die Stimmung?
- Wirkt Ihr Kind in letzter Zeit traurig?
- Hat das Selbstbewusstsein gelitten?
- Hat Ihr Kind Freunde in der Klasse?
- Hat Ihr Kind ein Hobby?
- Hat Ihr Kind genügend Freizeit, und nutzt es sie?

Melanies Eltern haben ein Tagebuch angelegt. Wie man ein Tagebuch so führt, dass es der ganzen Familie hilft, erfahren Sie in Kapitel 7.

Bitte stempeln Sie Ihr Kind nicht voreilig als faul ab oder unterstellen ihm, es *wolle* nicht lernen. Grundsätzlich hat jedes Kind Freude daran, etwas Neues zu erfahren und zu beherrschen – auch eins mit Entwicklungs- oder Verhaltensproblemen. Jedes Kind setzt sich in allen Entwicklungsstufen mit sich und seiner Umwelt auseinander und versucht, auf sie einzuwirken und sie zu verändern. Wenn Ihr Kind aber plötzlich keine Lust mehr verspürt, etwas Neues zu lernen, ist das immer ein Grund, hellhörig zu werden.

Ein Bild sagt mehr als tausend Worte

Wie es um die Gefühle unserer Kinder steht, erkennt man nicht nur an ihren negativen, ablehnenden Reaktionen oder an ihren – oft provozierenden – Sprüchen. Vieles kann man auch an ihren Bildern sehen: Wie stellen die Kinder sich selbst und die Schule dar? Hier einige Beispiele:

Alle drei Kinder sind gleichzeitig in die 1. Klasse eingeschult worden. Nach einiger Zeit der Schulerfahrung zeichnen sie sich selbst.

Laura

Stefan

Christian

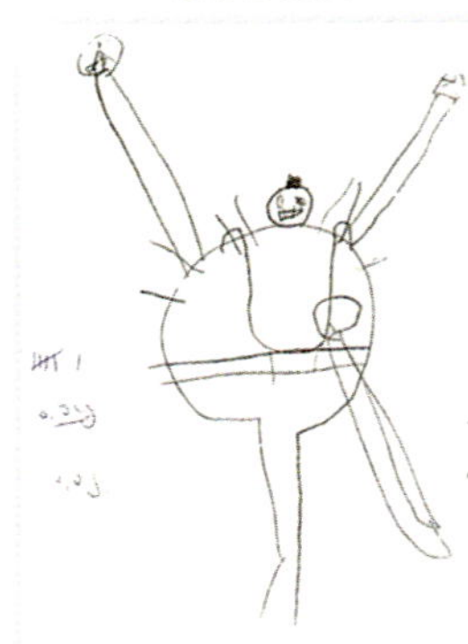

***Laura** geht jeden Tag mit Freude in die Schule und ist auf den Buchstaben gespannt, den sie heute lernen wird. Sie möchte ganz schnell die Geschichten aus dem Vorlesebuch selbst lesen können. Sie sagt lachend und voller Überzeugung: „Schule ist toll!"*

***Stefan** hat mittlerweile das erste Schuljahr fast überstanden. Er geht gar nicht gern in die Schule. Er fühlt sich dort meistens nicht wohl und hat Angst, dass er beim Vorlesen wieder so stark stottert wie häufig in der letzten Zeit. Er kann auch nicht so schnell schreiben wie seine Mitschüler und macht viele „Schusselfehler". „Hausaufgaben sind langweilig. Manchmal träume ich, ich wäre im Paradies und müsste nicht jeden Tag in die Schule gehen."*

***Christian** geht alles zu langsam. Am liebsten erledigt er seine Aufgaben ganz schnell und dadurch flüchtig und unordentlich, um schnell zum Fußballspielen gehen zu können. Er geht zwar ganz gern in die Schule, ist aber genervt, weil die Lehrerin ihn ständig ermahnt, ruhig zu sitzen und nicht in die Klasse zu rufen. „Das beste an der Schule sind die Pausen und der Sportunterricht."*

Noch zwei Beispiele, wie unterschiedlich Kinder die Schule bewerten: Tatjana und Kai werden gebeten, einmal ihre Schule zu malen.

***Tatjana** geht sehr gern in die Schule und hat Spaß am Lernen. Sie hat große Lust, ihre Schule besonders schön zu malen. Am liebsten hätte sie sie noch hübsch bunt ausgemalt, doch leider war die Stunde schon vorüber.*

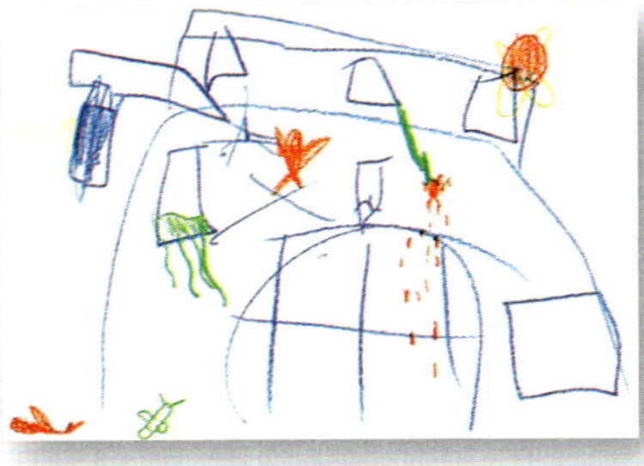

***Kai** hat Schul- und Lernfrust. Er schmiert seine ungeliebte Schule so lieblos und schnell aufs Papier, dass sie gar nicht zu erkennen ist. Er drückt im Bild seinen Frust und seine Wut auf die Schule aus. Für ihn ist Schule „zum Kotzen blöd". Er wird sowieso immer von den Mitschülern geärgert, und zum Stillsitzen und Schreiben hat er auch keine Lust.*

Alle Eltern wünschen sich natürlich, dass ihr Kind so ausgeglichen ist und soviel Spaß am Lernen hat wie Laura – oder die Schule so schön findet wie Tatjana. Stefan entwickelt Versagensängste in der Schule, und sein Selbstwertgefühl sinkt ab. Christian ist zappelig und unkonzentriert, was ihm und seinen Eltern mehr und mehr Sorgen bereitet. Kai findet die Schule „zum Kotzen".

Alle fünf Kinder sind dennoch normal intelligent und haben keine Lernbehinderung. Warum ist Kai so unglücklich? Warum meistern Stefan und Christian die Schulanforderungen nicht so souverän wie die beiden Mädchen? Sie drohen in einen „Teufelskreis von negativen Lernerfahrungen" zu rutschen, wobei das Selbstbewusstsein immer schwächer wird. Mit schlechtem Selbstbewusstsein fällt es aber auch schwerer, Freundschaften zu schließen und sich „einfach gut zu fühlen". Die negative Einstellung und das „Ich habe keine Lust" bestimmen dann auch die Freizeit.

Jetzt ist es wichtig, keinen Druck auszuüben, sondern gemeinsam nach Lösungsmöglichkeiten zu suchen.

Und da gibt es für Sie als Eltern viele Möglichkeiten. Neben praktischen Hilfen zur Arbeitsorganisation und zur Hausaufgabengestaltung (siehe Kapitel 7: Hausaufgaben) können und sollten Sie Anreize zum Lernen bieten: z. B. ein spannendes Computerprogramm zum Einüben der Rechtschreibung. So ein Anreiz muss jedoch nicht immer mit hohen Kosten verbunden sein. Schon bunt eingeschlagene Hefte, ein neues Federmäppchen oder ein lustig gestalteter Stundenplan können die gute Laune steigern.

Vor allem aber: Versteifen Sie sich nicht nur auf den Schulbereich.

Erfolgserlebnisse – die Voraussetzung für Erfolgsergebnisse

Stärken Sie Ihrem Kind über außerschulische Erfolge den Rücken.

Ein Sieg mit der Fußballmannschaft hebt die Stimmung und das Selbstbewusstsein. Loben und bestätigen Sie Ihr Kind – auch für kleine Erfolge und positive Eigenschaften, die mit der Schule nichts zu tun haben. Trauen Sie Ihrem Kind etwas zu. Selbstständige Kinder haben es in allem leichter. Ermöglichen Sie Kontakte zu den Mitschülern. Achten Sie zu Hause auf die besonderen Begabungen Ihres Kindes. Was macht es richtig gut? Ist es vielleicht sehr erfinderisch und phantasievoll beim Basteln? Sehen Sie im Geburtstagskalender nach: Wen könnte Ihr Kind demnächst mit einem selbstgemachten Geschenk überraschen? Weiß Ihr Kind viel über Tiere und mag es die Natur? Wandert es gern? Erkundigen Sie sich beim Jugendamt Ihrer Stadt nach Jugendverbänden wie z. B. Pfadfindergruppen. Oder hilft Ihr Kind gern beim Kochen und Backen? In diesem Fall könnten Sie vorschlagen, einmal Freunde zum gemeinsamen Plätzchenbacken einzuladen.

Alles, was Ihrem Kind die Chance gibt, seine persönlichen Stärken auszuspielen, hilft ihm, Selbstbewusstsein zu tanken und Selbstvertrauen aufzubauen. Und das sind die wichtigsten Voraussetzungen zum Lernen. Denn nur, wer sich sicher fühlt und keine Angst hat, der hat den Kopf frei fürs Lernen.

Und denken Sie immer daran: Nicht nur der schnelle Lernerfolg ist wichtig. Verlassen Sie erst einmal den Teufelskreis des Misserfolgs, und verschaffen Sie Ihrem Kind – und damit auch sich selbst – Erfolgserlebnisse, egal in welchen Bereichen. Denn **das Leben besteht nicht nur aus Schule** – auch wenn es Ihnen zur Zeit so erscheinen mag. Jedes Schulkind sollte zum Beispiel für sich einen Sport finden, bei dem es Spaß hat und sich ausleben und austoben kann. Dabei werden Geschicklichkeit, Ausdauer, Motivations- und Teamfähigkeit trainiert und gegebenenfalls angestaute Aggressionen und Frust abgelassen.

Erfolgserlebnisse in allen Bereichen wirken sich positiv auf Leistungsbereitschaft und Lernmotivation aus – und sie führen über kurz oder lang zu Erfolgsergebnissen in der Schule.

Auch Ihr Kind hat mit Sicherheit in ganz bestimmten Bereichen besondere Stärken. Finden Sie die Stärken Ihres Kindes heraus und stärken Sie diese Stärken – nach dem Motto:

Wer die Stärken stärkt, schwächt die Schwächen von selbst.

Und so erleben Sie, wie **Erfolgserlebnisse außerhalb der** Schule auch zu **Erfolgsergebnissen in der Schule** führen können.

Auch Max steht noch mitten in dem „Frustkreislauf". Trotz der ständigen Gespräche mit der Lehrerin gibt es nach wie vor Ärger. Es hagelt Strafarbeiten. Nicht nur Max' Verhalten wird stark bemängelt, sondern auch seine Arbeitsweise. Rechnen und Denken kann er eigentlich besonders gut. Er verdreht allerdings Zahlen und Buchstaben. Es kann ihm auch passieren, dass er ein ganzes Aufgabenpäckchen einfach vergisst. Beim Lesen schaut er nicht genau hin – er errät mehr als er liest. Schwer fällt ihm vor allem die Rechtschreibung. Er lässt Silben und Buchstaben aus. Das Wort „Kartoffel" kann man bei ihm in den verschiedensten Variationen lesen: „Kartoel, Katofel, kartoffe." Er übt jeden Tag mit seiner Mutter – immer verbunden mit Protest, Wutausbrüchen und Tränen.

Vor Klassenarbeiten hat Max Bauchschmerzen und schläft die ganze Nacht nicht. Manchmal ist es so schlimm, dass er morgens nichts essen kann und erbricht. Es muss dringend etwas passieren.

Im Gespräch beschreibt er seine Gefühlswelt. Dabei wird deutlich, dass Max seine Probleme genau kennt und sich auch darüber ärgert: „Zum Beispiel habe ich letzte Woche vergessen, dass am Dienstag Wandertag war.

Ich hatte natürlich weder Regensachen noch was zu essen oder Geld dabei. Es hat mich mal wieder drei Postkarten mit Rennautos gekostet, um Thomas ein halbes Wurstbrot abzuluchsen. Natürlich musste es auch noch regnen, und ich bin nass und durchgefroren nach Hause gekommen.

Dabei will ich wirklich gut sein. Aber jeder denkt, ich bin einfach nur dumm, faul oder vergesse immer alles, um andere zu ärgern. Ich gebe zu, ich kann nicht aufpassen und höre auch nicht genau zu, wenn es mir langweilig ist. Aber mal ehrlich, die Schule ist doch auch furchtbar öde, oder? Mit meinen Legos kann ich stundenlang spielen, ohne dass mich irgendwas ablenkt. Das macht ja auch Spaß, und ich kann so bauen, wie ich will.

Ich versuche ja, meine Aufgaben schnell zu machen, damit ich sofort raus kann zum Fußballspielen oder am Computer was ausprobieren kann. Aber es sind ja nicht nur die Hausaufgaben! Meist muss ich Strafarbeiten schreiben, zum Beispiel 20-mal in Schönschrift: ‚Du darfst nicht unaufgefordert in die Klasse rufen.

Das ist total ätzend, denn wenn meine Schrift ein bisschen schön aussehen soll, brauche ich Stunden. Der ganze Nachmittag geht dabei drauf. Mit Fußball ist dann meistens nichts mehr."

Kapitel 5: Das Wichtigste in Kürze

- Misserfolge in der Schule nehmen den Spaß am Lernen und schwächen das Selbstvertrauen Ihres Kindes.
- Viele Ursachen für Misserfolge Ihres Kindes können Sie mit einfachen Mitteln selbst herausfinden und abstellen.
- Wenn Sie die natürlichen Stärken Ihres Kindes stärken, schwächen Sie seine Schwächen ganz von selbst.
- Über außerschulische Erfolge, z. B. im Sport, gewinnt Ihr Kind Vertrauen in die eigene Leistungsfähigkeit. So schaffen Erfolgserlebnisse außerhalb der Schule das Selbstvertrauen, das Ihr Kind für Erfolgsergebnisse in der Schule braucht.

6

So helfe ich meinem Kind: Das „Punkteplan-Spiel“

In diesem Kapitel erfahren Sie ...

- wie Sie durch Voraussicht und mit „neutralen Dritten“ Konflikte vermeiden können
- wie wichtig ein regelmäßiger Tagesablauf für das Lernverhalten Ihres Kindes ist
- wie Sie mit Ihrem Kind die Spielregeln für das Punkteplan-Spiel aufstellen und Ihr Kind so sein Verhalten freiwillig ändert

„Morgenstund hat Gold im Mund" – und wenn nicht?

Jana *erscheint jeden Morgen pünktlich um 7 Uhr am Frühstückstisch. Sie ist gewaschen, gekämmt und ordentlich gekleidet. Ihren Ranzen und ihren Zeichenblock hat sie bereits an die Garderobe gestellt. Von 7 Uhr bis 7.20 Uhr sitzt sie ganz gemütlich mit Mutter und Schwester am Tisch und lässt sich ihr Frühstück schmecken. Um 7.20 Uhr zieht sie Schuhe und Jacke an und wartet auf ihre Freundin. Als es klingelt, setzt sie ihren Ranzen auf und nimmt den Zeichenblock in die Hand. Bevor sie gemeinsam mit ihrer Freundin das Haus verlässt, bekommt ihre Mutter noch einen Abschiedskuss. Am Gartentor winkt sie ihrer Mutter noch mal zu. Vergnügt plaudernd gehen die beiden Mädchen zum Schulbus.*

Wenn bei Ihnen zu Hause „der Start in den Tag" ähnlich abläuft wie bei Jana, sind Sie zu beglückwünschen. Leider ist in vielen Familien die morgendliche Situation weniger entspannt. So war es auch in Max' Familie:

Max *kommt morgens nicht aus dem Bett. Viele Male muss seine Mutter ihn rufen. Nach dem Aufstehen beginnt er, in seinem Zimmer zu spielen, anstatt sich anzuziehen. Endlich im Bad, vergisst er, sich zu waschen oder zu kämmen. Viel zu spät erscheint er am Frühstückstisch. Da er nicht pünktlich ist, hat sein Bruder bereits mit dem Essen angefangen – und ihm ausgerechnet seinen Lieblingskäse weggegessen. Und schon gibt es Streit. In der Hektik passiert Max, wie so oft, auch noch ein Missgeschick: Erst stößt er seine Tasse um, dann streift der Ärmel seines Pullovers über die Butter. So bekleckert kann er nicht in die Schule gehen. Er muss sich umziehen. Unter Zeitdruck zieht er einen anderen Pullover über. Hastig schnappt er sich seinen Ranzen und fegt aus dem Haus. Die Worte seiner Mutter: „Oh nein, dieser Pullover zu der Hose, du siehst unmöglich aus", hallen in seinen Ohren nach. Wütend stapft er zum Bus. Er schaut so grimmig drein, dass die Mitschüler ihn hänseln.*

Sie mögen sich fragen, was diese beiden Beispiele mit Lernen zu tun haben. Das sehen wir ganz schnell, wenn wir die beiden Kinder in die Schule begleiten:

***Jana** erscheint zufrieden in der Klasse. Keine anderen Gedanken lenken sie vom Lernen ab. Sie kann dem Unterricht aufmerksam folgen. Mit ihren Beiträgen bereichert sie den Unterricht. Von ihrer Lehrerin wird sie dafür gelobt. Dies spornt sie aufs Neue an. Jana ist hochmotiviert und bekommt im Zeichenunterricht ein dickes Lob.*

***Max** kommt „geladen" in der Schule an. Motzig sitzt er an seinem Tisch und ärgert sich über seinen Bruder: „Wie kommt dieser Blödmann eigentlich dazu, meinen Käse zu essen? Eine bodenlose Frechheit. Der ist so gemein und unfair – und Mama auch!" Max konzentriert sich nicht auf den Unterricht. Er wird mehrfach von der Lehrerin ermahnt. Die Tadel lassen sein Interesse am Lernen noch weiter absinken.*

Im Kunstunterricht muss er dann feststellen, dass er seinen Zeichenblock vergessen hat. Er kann seine Zeichnung von der Burg nicht vorlegen. Max muss weitere Kritik einstecken. Der Lehrer wirft ihm vor, faul zu sein und obendrein noch zu lügen. Max ärgert sich fürchterlich. Er könnte platzen, ist aber auch verzweifelt und dem Weinen nahe. Hat er doch viele Stunden an der Burg gemalt und fest damit gerechnet, endlich auch einmal vor der ganzen Klasse gelobt zu werden.

Jana hat in der Schule den Kopf frei und kann sich ganz auf den Unterricht konzentrieren. Warum? Weil vorher zu Hause alles glatt gelaufen ist und sie keinen Gedankenballast mit in die Schule schleppen muss.

Max dagegen hat den Kopf voller Gedanken an zu Hause. Sein Kopf ist nicht frei für den Unterricht. Warum? Weil vorher zu Hause alles schief gelaufen ist. Das muss Max erst verarbeiten und kommt deshalb in der Schule nicht mehr mit.

An diesen beiden Beispielen sehen Sie ganz deutlich: Die Weichen für den Lernerfolg in der Schule werden schon zu Hause gestellt. Wer in der Schule ans Ziel kommen will, braucht morgens zu Hause einen guten Start.

Ein Fehlstart zu Hause führt schnell zu Misserfolgen in der Schule.

Als Max zu uns in die Praxis kam, fügte er im Satzergänzungstest folgende Satzteile an:

Andere Kinder ... sind gemein zu mir.

Meine Mutter ... schimpft mit mir.

Vater ... arbeitet viel.

Die Lehrer ... mögen mich nicht.

Am liebsten ... würde ich alles richtig machen.

Ich bin ein ... Durcheinander von wütend, blöd und traurig.

Ich brauche ... Hilfe.

Auch die Auswertungen der anderen Testverfahren ergaben, dass Max völlig irritiert über sich selbst und unglücklich war. Er wollte an diesem Zustand gern etwas ändern, doch weder er noch seine Mutter wussten wie. Seine Mutter war nicht minder verzweifelt. Die gesamte Familie litt.

Zusammen mit Max und seinen Eltern stellten wir deshalb einen klar gegliederten „Punkteplan" auf. Dieser Plan zeigte vom ersten Tag an gute Wirkung. Aus dem morgendlichen Chaos wurde langsam ein geregelter Ablauf, und Max hatte in der Schule den Kopf frei für das Lernen.

Auch Sie können Ihrem Kind zu einem guten morgendlichen Start verhelfen. Was Sie tun können oder besser lassen sollten, erfahren Sie auf den nächsten Seiten.

Vorbeugen ist besser als vorhalten

Wer hat diesen „Ratschlag“ nicht schon irgendwann einmal gehört: „Richtig den Hintern versohlen – das ist es, was das Kind braucht. Ein paar Schläge auf den Hintern haben noch keinem geschadet.“

Wir können nicht bestreiten, dass diese Maßnahme bei vielen Kindern kurzfristig zu Verhaltensänderungen führt und relativ einfach durchzuführen ist. Dass sie ethisch abzulehnen ist, versteht sich aber von selbst. Seit 2000 ist sie in Deutschland zudem offiziell verboten. Warum sie darüber hinaus auch überhaupt nicht zielführend ist, möchten wir an einem Beispiel verdeutlichen:

> *Jeden Morgen steht Peter auf und setzt sich als erstes vor den Fernseher. Seine Mutter ermahnt ihn mehrmals, endlich ins Bad zu gehen. Es kommt zu heftigen Wortgefechten. Die Gemüter der beiden schaukeln sich immer weiter hoch. An manchen Tagen versohlt sie ihm den Hintern. Brüllend rennt Peter dann ins Bad.*

Peters Mutter hat für den Moment erreicht, was sie wollte. Doch zu welchem Preis? Der Morgen beginnt für beide äußerst nervenaufreibend – ein denkbar schlechter Start in den Tag. Nach so einem häuslichen Fehlstart wird Peter es in der Schule schwer haben, sich auf den Unterricht zu konzentrieren. Und außerdem: Was hat Peter dabei gelernt? Leider nicht das, was sich seine Mutter erhofft, nämlich morgens nicht mehr fernzusehen. Sondern er lernt: „Der Stärkere gewinnt. Vor Größeren oder Kräftigeren muss ich mich in Acht nehmen. Wenn ich bei Kleineren oder Schwächeren nicht mehr weiter weiß, schlage ich zu.“

Wie hätte die Situation anders geregelt werden können?

Hier kommt das Wort „Planung“ wieder ins Spiel. Planung (Vorausschau, Einteilung) ist ein wichtiger Baustein beim Lernen und in der Erziehung insgesamt. Wäre in Peters Fall nicht die „Planung“ – z. B. das Abschließen der Wohnzimmertür am Abend zuvor – besser für einen guten morgendlichen Start ohne „Fernsehdiskussionen“ und Streit gewesen?

Der Tag davor: Die Startvorbereitungen

Ein guter morgendlicher Start beginnt mit Vorbereitungen am Tag davor:

- Der Ranzen wird nach den Hausaufgaben für den nächsten Tag gepackt. Sportsachen, Zeichenblock usw. werden außerdem schon zum Ranzen gelegt (Näheres dazu im 7. Kapitel).
- Am Abend wird die Kleidung des Kindes für den nächsten Tag zurechtgelegt. Bitte tun Sie das mit Ihrem Kind gemeinsam. Es erspart Ihnen morgendliche Szenen wie: „Den zieh ich nicht an, der ist bescheuert."
- Achten Sie darauf, dass im Bad alles vorrätig ist. Damit vermeiden Sie am frühen Morgen eine gehetzte Suche nach Dingen, die am Vortag aufgebraucht wurden (z. B. Toilettenpapier, Zahnpasta).
- Vergewissern Sie sich, dass Ihr Kind seinen Wecker korrekt gestellt hat.
- In vielen Familien gibt es morgens Probleme beim Frühstück. Einige Kinder können sich nicht entscheiden, was sie eigentlich essen wollen. Andere wollen unbedingt das essen, was nicht im Haus ist. In diesen Fällen hat sich eine Frühstücksliste bewährt, die am Vortag nach dem Abendessen von jedem Kind angekreuzt wird.

Seien Sie kreativ, gestalten Sie die Liste ansprechend. Kopieren Sie sie oft genug. Lassen Sie die Liste „nicht ausgehen". Die Kinder wollen sie bald nicht mehr missen. Für Ihre kleineren Kinder können Sie Bilder der verschiedenen Lebensmittel aufkleben. So können auch die Kleinen schon selbständig wählen. Bitte achten Sie darauf, dass Sie rechtzeitig die Nahrungsmittel ausstreichen, die Sie nicht im Haus haben. Das erspart Ihnen unnötiges Gemecker. Bereiten Sie am Abend den Frühstückstisch so weit wie möglich vor.

Noch ein Hinweis, wenn Sie mehrere Kinder haben: Legen Sie die Sitzordnung spätestens am Tag zuvor fest, oder weisen Sie jedem Kind einen „Stammplatz" zu. Bei ständigen Querelen zwischen Geschwistern am frühen Morgen hat ein kleiner zusätzlicher Tisch in der Küche – an dem jeder einmal sitzen darf – schon große Erleichterung gebracht. Schaffen Sie lieber eine friedliche räumliche Trennung als ein schlechtes Zusammensein schon am Tagesanfang.

Beispiel für eine Frühstücksliste:

Getränke	Essen	Sonstiges
❑ Kamillentee	❑ Schwarzbrot	❑ Erdbeermarmelade
❑ Pfefferminztee	❑ Weißbrot	❑ Honig
❑ Kakao	❑ Toast	❑ Cornflakes
❑ Milch	❑ Müsli	❑ Käse
❑ Orangensaft	❑ Joghurt	❑ Wurst
❑ Wasser	❑ Apfel	

Wichtig: Bitte achten Sie darauf, dass all diese Maßnahmen ihren festen Platz im Tagesablauf Ihres Kindes haben. So wird z. B. immer nach dem Abendessen die Frühstücksliste angekreuzt. Jede Handlung soll täglich im gleichen Rhythmus stattfinden, damit sie Ihrem Kind „in Fleisch und Blut“ übergeht. Alles wird dann bald „wie von selbst“ ablaufen – bei den kleinen wie bei den größeren Kindern. Je regelmäßiger der Ablauf, umso mehr Halt gibt er den Kindern.

Oft sind es gerade die kleinen Dinge – wie z. B. Frühstückslisten und Sitzordnung – mit denen Sie große Erfolge erzielen können. Vielleicht macht es auch am Anfang etwas Mühe, solche neuen Maßnahmen einzuführen. Aber die Mühe lohnt sich. Denn wenn solche Maßnahmen erst einmal zur Selbstverständlichkeit geworden sind, erleichtern sie der ganzen Familie das Leben.

Wir wünschen uns, dass diese – oft nur kleinen – Maßnahmen auch bei Ihnen eine große positive Wirkung zeigen.

Ein neutraler Dritter: der Wecker

***Vanessa** hat morgens keine Lust aufstehen. Ihre Mutter muss sie mehrmals wecken. Bis zu siebenmal rennt sie von der Küche in Vanessas Zimmer. Der Umgangston zwischen Mutter und Tochter am Frühstückstisch ist dann nicht gerade freundlich.*

*Auch **Tobias** hat Schwierigkeiten aufzustehen. Täglich raunzt er noch im Halbschlaf seine Mutter an: „Hau ab, ich will schlafen." Seine Mutter fühlt sich dadurch angegriffen.*

Mit vielen solcher Berichte, meist von enttäuschten Müttern, werden wir in der Praxis konfrontiert.

Bewährt hat sich in solchen Fällen der Wecker – als „neutraler Dritter", der ohne Wut, Enttäuschung oder sonstige Gefühle einfach sachlich und zuverlässig seinen Job macht. Am besten gehen Sie gemeinsam mit Ihrem Kind einen Wecker kaufen, der ihm gefällt. Das eine Kind mag lieber vom Hahnenschrei geweckt werden, das andere vom Piepston. Lassen Sie dann Ihr Kind jeden Abend vor dem Schlafengehen selbst den Wecker auf die richtige Weckzeit einstellen. Kontrollieren Sie, ob die eingestellte Weckzeit stimmt. Und stellen Sie dann den Wecker so weit von Ihrem Kind entfernt, dass es aufstehen muss, um das Signal abzuschalten.

Es gibt bei der „Wecker-Methode" allerdings auch einiges zu bedenken:

- Ihr Kind lässt den Wecker zu lange klingeln. Inzwischen ist das gesamte Haus wach.
- Ihr Kind stellt den Wecker aus und legt sich zurück ins Bett.
- Ihr Kind hat vielleicht kein eigenes Zimmer. Geschwister, die noch weiterschlafen sollten, werden unnötig geweckt.

Wir haben gute Erfahrungen damit gemacht, den Wecker mit einem Punkteplan zu koppeln. Selbstverständlich kann der Punkteplan auch unabhängig von der „Wecker-Methode" eingesetzt werden.

Vom Sollen zum Wollen: Das „Punkteplan-Spiel"

Was ist ein Punkteplan? Was soll er bewirken? Was können Sie mit ihm erreichen?

Der Punkteplan ist ein klar gegliedertes **Anreizsystem,** das Ihrem Kind hilft, unerwünschtes Verhalten abzulegen und neue, gewünschte Verhaltensmuster aufzubauen. Der Punkteplan ist ein Programm, das Sie speziell auf Ihr Kind, seine Probleme und Ihre häusliche Situation abstimmen können.

Wie Sie einen solchen Punkteplan erstellen können, möchten wir Ihnen am Beispiel von Max schrittweise aufzeigen:

Schritt 1:

Max' Mutter hat sich einmal hingesetzt und alles aufgeschrieben, was jeden Morgen Ärger macht und oft zum Streit führt.

Schritt 2:

Aus diesen Schilderungen haben wir gemeinsam mit Max' Eltern die Situationen herausgesucht, die verändert werden sollten:

1) Viele Male muss Max gerufen werden, bevor er ins Bad geht.
2) Er vergisst, sich im Bad zu kämmen.
3) Er spielt anstatt sich anzuziehen.
4) Er erscheint zu spät am Frühstückstisch.
5) Er will etwas essen, was nicht mehr da ist.
6) Es gibt Streit am Frühstückstisch.

Schritt 3:

Jeder einzelnen aufgelisteten Situation ordneten wir, in Zusammenarbeit mit den Eltern, den gewünschten Zielzustand zu.

Die zu verändernden Situationen haben wir mit „Vorher", den gewünschten Zielzustand mit „Nachher" bezeichnet.

Vorher	Nachher
1). Viele Male muss er gerufen werden, bevor er ins Bad geht.	Montags bis donnerstags um 7 Uhr, freitags um 8 Uhr erscheint er pünktlich im Bad.
2). Er vergisst, sich im Bad zu kämmen.	Im Bad: Zähneputzen, Waschen, Eincremen, Kämmen; nicht länger als 10 Minuten
3). Er spielt anstatt sich anzuziehen.	Montags bis donnerstags um 7.20 Uhr (freitags 8.20 Uhr) deponiert er, korrekt angezogen, den Ranzen und andere Schulmaterialien an der Haustür.
4). Er erscheint zu spät am Frühstückstisch.	Binnen einer Minute (nachdem Ranzen etc. an die Haustür gebracht wurde) erscheint er in der Küche.
5). Er will essen, was nicht mehr da ist.	Ein geregeltes Frühstück findet statt.
6). Es gibt Streit am Frühstückstisch.	Es gibt kein Streit zwischen den Geschwistern. Das wurde konkret definiert: Es gibt kein Anschreien, kein Anfassen, kein Treten, kein Anspucken.

Schritt 4:

Gemeinsam überlegten wir dann, welche anderen zusätzlichen Maßnahmen hilfreich sein könnten.

Wir beschlossen bei Max, Punkt 5 lieber durch die „Frühstücksliste" zu regeln und nicht in den Punkteplan einzubeziehen.

Schritt 5:

Der nächste Schritt in diesem Programm ist der eigentliche **Punkteplan.** Der morgendliche Punkteplan für Max sah folgendermaßen aus:

Situation	**bis**	**max. Punkte**	**erreichte Punktezahl am**				
			Mo.	**Di.**	**Mi.**	**Do.**	**Fr.**
• Erscheinen im Bad Mo-Do Fr	 7.00 h 8.00 h	3					
• Zähneputzen, waschen, eincremen, kämmen	sofort	3					
• Korrekt anziehen, Sachen zur Tür Mo-Do Fr	 7.20 h 8.20 h	2					
• In die Küche	sofort	1					
• Keinen Streit	sofort	3					
Erreichte Punktzahl pro Tag (max. 12)							
Erreichte Punktzahl Mo-Fr (max. 60)							

Wenn auch Sie einen Punkteplan für Ihr Kind erstellen möchten, gehen Sie ganz einfach gemäß den Schritten 1-5 im Max-Beispiel vor:

1) Schreiben Sie unverblümt Ihre morgendliche Situation auf.
2) Unterstreichen Sie dann die Situationen, die Sie verändern wollen.
3) Notieren Sie sich zu jeder negativen Situation Ihr Wunschziel.
4) Machen Sie sich Gedanken über weitere hilfreiche Maßnahmen.
5) Überlegen Sie sich genau, wie schwer Sie welche Situation gewichten, d.h. wie viele Punkte Ihnen eine gewisse Handlung „wert“ ist.

Setzen Sie für jede Handlung eine maximale Punktzahl fest. **Bevor Sie mit dem Punkteplan beginnen,** besprechen Sie unbedingt mit Ihrem Kind ganz konkret, wie viel Punktabzug es gibt, wenn Teile des Plans (z. B. Zähneputzen) nicht eingehalten werden. Der sicherste Weg ist, das schriftlich festzuhalten. Rüsten Sie sich für alle Eventualitäten. Lassen Sie sich nicht auf das Feilschen um Minuten ein. Der Punkteplan soll nicht Anlass zu endlosen Diskussionen sein. Deshalb müssen Sie direkt am Anfang sicherstellen, dass Ihr Kind den Plan begreift und die Punktewertung akzeptiert.

Nachdem Sie Ihre Liste soweit erstellt haben, bleibt nur noch das „Verrechnen" der Punkte zu beachten und die Überlegung: Wo hängen wir den Punkteplan auf?

Besprechen Sie mit Ihrem Kind, an welcher Stelle der Punkteplan gut sichtbar angebracht werden kann. Die Küche ist häufig ein geeigneter Ort dafür:

- Morgens können die Punkte dort direkt nach dem Erledigen der Pflichten eingetragen werden.
- Nachmittags, nach den Hausaufgaben, gehen Sie gemeinsam in die Küche und schreiben die Punkte auf.
- Abends nach dem gemeinsamen Essen kann in aller Ruhe zusammengezählt werden.

Es gibt allerdings Kinder, die nicht wollen, dass „Nicht-Familienmitglieder" den Plan sehen, eventuell wird Ihre Küche aber gern besucht. Suchen Sie dann mit Ihrem Kind eine andere geeignete Stelle aus.

Bitte achten Sie darauf, dass der Punkteplan möglichst genau geführt wird. Tragen Sie die Punkte möglichst unmittelbar nach dem positiven Verhalten des Kindes ein. Diese positive Verstärkung des richtigen Verhaltens motiviert Ihr Kind, weiter mitzuarbeiten.

Die Durchführung des Plans ist zunächst ziemlich anstrengend. Nicht nur Ihr Kind, sondern auch Sie müssen Gewohnheiten ändern. Doch es wird sich auch bei Ihnen „einspielen". Und schon bald werden Sie erleben, dass der Punkteplan auch für Sie selbst sehr sinnvoll ist. Er wirkt wie ein stützendes Geländer, an dem jeder sich festhalten und „entlanghangeln" kann.

Aus dem hektischen Alltag wird nach und nach ein gelassener, geregelter Tagesablauf.

Der Punkteplan ist ein Anreizsystem. Das heißt: Sie müssen Ihrem Kind einen Anreiz bieten, damit es möglichst viele Punkte erreichen will. Denn nur, wenn Ihr Kind selbst will, wird es sich auch bemühen, ein Verhalten an den Tag zu legen, das ihm Punkte bringt.

So schaffen Sie mit Ihrem Kind den **Schritt vom Sollen zum Wollen.**

Wichtig ist auch, dass Ihr Kind täglich einen Anreiz bekommt, damit es jeden Tag aufs Neue motiviert wird, sich so zu verhalten, wie Sie es mit ihm geplant und verabredet haben.

Deshalb sollten Sie **Tages- und Wochenwertungen** einführen.

Max *zum Beispiel bleibt abends gern etwas länger auf – und am Wochenende übernachtet er am liebsten bei seinen Großeltern.*

Deshalb haben seine Eltern folgende ***Tageswertung*** *mit ihm vereinbart:*

- Erreicht Max mehr als 10 der 12 möglichen Tagespunkte (also 11 oder 12), darf er abends eine halbe Stunde länger aufbleiben.
- Erreicht er die Mindestpunktzahl 10, darf er nicht länger aufbleiben, muss aber auch nicht früher ins Bett.
- Erreicht er weniger als 10 Tagespunkte, muss er abends eine halbe Stunde früher ins Bett.
- *Die* ***Wochenwertung*** *sieht so aus:*
- Erreicht Max mehr als 50 der 60 möglichen Wochenpunkte, darf er bei seinen Großeltern übernachten.
- Erreicht er die Mindestpunktzahl 50, bleibt er am Samstagabend zu Hause, darf aber länger aufbleiben als an den Schultagen.
- Erreicht er aber weniger als 50 Wochenpunkte, gibt es kein Großelternprogramm und kein Samstagabendprogramm. Dann muss Max samstags zur gleichen Zeit ins Bett wie an den Schultagen.

Jedes Kind hat andere Wünsche, für die es bereit ist, sich anzustrengen. Finden Sie heraus, welche Anreize für Ihr Kind so attraktiv sind, dass es bereit ist, dafür sein Verhalten zu ändern. Verhaltensänderung kostet immer Energie – für Erwachsene genauso wie für Kinder. Und wenn Ihr Kind diese Energie aufbringt (und damit zur Verbesserung Ihrer Gesamtsituation beiträgt), dann sollte es auch eine angemessene Belohnung bekommen.

Der ganze Punkteplan und sein Anreizsystem funktionieren natürlich nur, wenn Ihr Kind die Spielregeln kennt und akzeptiert. Das heißt: Sie müssen den Plan gemeinsam mit Ihrem Kind aufstellen und die Punktewertung klar mit ihm vereinbaren.

Überlegen Sie, was Ihrem Kind wichtig ist, wonach es strebt. Ein Belohnungssystem kann nur dann funktionieren, wenn es etwas gibt, was Ihr Kind unter allen Umständen erlangen möchte, und was es ohne das System nicht oder nur äußerst schwierig bekommt.

Wenn Sie zu den Eltern gehören, die sich sagen müssen: „Ich kann nichts finden, wonach mein Kind strebt", lassen Sie sich die Rechte und die Pflichten Ihres Kindes einmal durch den Kopf gehen. Wahrscheinlich hat Ihr Kind sehr viele Rechte und nur wenige Verpflichtungen.

Unter Rechten verstehen wir z. B. nahezu unbegrenzten Zugang zu Fernseher, Computer und Süßigkeiten. Es gibt Kinder, für die es selbstverständlich ist, dass sie immer ihre Lieblingsspeisen bekommen und dass ihre Mutter jeden Tag ihr Zimmer aufräumt.

Unter Verpflichtungen verstehen wir z. B. die Verrichtung von täglichen Arbeiten wie: Tisch decken und abräumen, Spülen bzw. Spülmaschine ein- und ausräumen, Getränke holen etc.

Wie viele „Rechte" nimmt Ihr Kind in Anspruch – und welche Verpflichtungen übernimmt es?

Nehmen wir einmal an, Sie haben nichts gefunden, was Ihr Kind unbedingt erreichen will. Dann liegt das vielleicht daran, dass Ihr Kind alle seine „Rechte" in Anspruch nehmen darf, ohne dafür eine Gegenleistung zu erbringen. Mit welchem Anreiz wollen Sie Ihr Kind dann noch dazu motivieren, sein Verhalten zu ändern?

Unser Vorschlag: Erklären Sie Ihrem Kind zunächst einmal das **Prinzip von „Geben und Nehmen"**. Machen Sie ihm klar, dass Geben und Nehmen sich die Waage halten müssen, wenn in der Familie alles im Lot sein soll. Der Grundgedanke ist ganz einfach – und auch für Kinder leicht einzusehen: **„Wer etwas haben will, muss etwas dafür tun". Umgekehrt heißt das: „Wer nicht bereit ist, etwas zu tun, der kann auch nicht alles haben".**

Auf diesem simplen Prinzip beruht das **„Punkteplan-Spiel"**:

- Mindestpunktzahl übertroffen: Gewonnen
- Mindestpunktzahl erreicht: Unentschieden
- Mindestpunktzahl nicht erreicht: Verloren

So können Sie auch einem Kind, das nichts erreichen will, weil es sowieso schon alles darf, das Punkteplan-Spiel erklären:

- Die Annehmlichkeiten, die Ihr Kind bisher in Anspruch genommen hat, ohne etwas dafür zu tun, gibt es in Zukunft nur noch, wenn Ihr Kind durch sein Verhalten mehr als die Mindestpunktzahl erreicht.
- Erreicht es nur die vereinbarte Mindestpunktzahl, gibt es keine Annehmlichkeit.
- Erreicht es weniger Punkte als die Mindestpunktzahl, gibt es keine Annehmlichkeit – und das Kind muss eine zusätzliche Verpflichtung übernehmen.

Umgekehrt kann der Anreiz für Ihr Kind aber auch in der Befreiung von bestimmten Pflichten bestehen. Wenn Ihr Kind also bisher bereits – im Sinne von Geben und Nehmen – bestimmte Verpflichtungen im Haushalt übernommen hat, kann das Punkteplan-Spiel so funktionieren:

Erreicht Ihr Kind mehr als die Mindestpunktzahl, wird es von bestimmten Pflichten befreit.

- Erreicht es die Mindestpunktzahl, bleiben die Pflichten bestehen.
- Erreicht es die Mindestpunktzahl nicht, bleiben die Pflichten bestehen – und es kommt noch eine Verpflichtung hinzu.

Sie wissen selbst am besten, welche Anreize für Ihr Kind am stärksten sind. Stellen Sie ihm diese Anreize dafür in Aussicht, dass es durch sein Verhalten die entsprechende Punktzahl erreicht. Machen Sie ihm aber gleichzeitig deutlich, welche Folgen es hat, wenn die vereinbarte Punktzahl nicht erreicht wird: Entweder Verzicht auf Annehmlichkeiten oder Beibehaltung von Pflichten, von denen Ihr Kind sich durch Erreichen der Punktzahl hätte befreien können.

Drei Voraussetzungen sind für das Gelingen des „Punkteplan-Spiels“ besonders wichtig:

- **Erstens:**

Ihr Kind muss die Spielregeln vorher kennen und akzeptieren. Erarbeiten Sie den „Vorher-Nachher-Plan“ gemeinsam. Legen Sie die Punktewertung gemeinsam mit ihm fest. Nur, wenn Ihr Kind die Spielregeln kennt, kann es sich entsprechend verhalten. Nur, wenn Ihr Kind an den Spielregeln selbst mitgearbeitet hat, akzeptiert es sie und macht sie zu seinen eigenen Spielregeln. Denken Sie daran: Es ist für Ihr Kind leichter und macht mehr Spaß, nach den eigenen Spielregeln zu spielen als nach Regeln, die Sie ihm aufgezwungen haben. Und für Sie – als „Trainer“ in diesem „Punkteplan-Spiel“ – ist es wichtig, sich immer wieder auf die gemeinsam aufgestellten Spielregeln beziehen zu können.

- **Zweitens:**

Ihr Kind muss die Anreize, die Sie mit ihm verabredet haben, wirklich selbst unbedingt wollen. Deshalb ist es wichtig, diese Anreize mit ihm genau zu besprechen und auszuhandeln. Denn nur, wenn Ihr Kind seine Ziele wirklich erreichen will, wird es sich anstrengen, um die nötige Punktzahl zu schaffen.

- **Drittens:**

Ihr Kind muss erkennen, dass es aus eigener Kraft ganz allein in der Lage ist, seine Punkte zu schaffen, seine Ziele zu erreichen und seine Belohnung zu kassieren. Nur so können Sie vermeiden, dass Ihr Kind die Flinte ins Korn wirft.

Manche Eltern fragen sich (und uns), ob es richtig sei, das Kind zu „bestrafen", wenn es seine angestrebte Mindestpunktzahl nicht erreicht.

Die Antwort: Hier geht es nicht um eine Strafe, sonder eher um eine zweite „Motivations-Brennstufe". Intensive wissenschaftliche Forschungen haben ergeben, dass es ohne diese „zweite Brennstufe" nicht immer geht.

Stellen Sie sich vor, Ihr Kind hat schon gleich nach dem Aufstehen, etwa durch Trödelei, zwei seiner Punkte verloren. Seine Belohnung für diesen Tag hat es somit schon vertan. Was motiviert das Kind trotzdem, sich an diesem Vormittag weiterhin zu bemühen? Die Aussicht, durch Erreichen der Mindestpunktzahl auf jeden Fall ein „Unentschieden" zu erreichen und lästige Pflichten zu vermeiden. Diese Aussicht wird Ihr Kind motivieren, „dranzubleiben" und wenigstens die Mindestpunktzahl zu schaffen.

Rechnen Sie nicht damit, dass Ihr Kind von Anfang an die volle Punktzahl erreicht. Seien Sie darüber nicht enttäuscht – und machen Sie ihm vor allem keine Vorwürfe. Denn Sie wollen Ihr Kind ja nicht entmutigen sondern ermutigen. Aller Anfang ist schwer. Und je mehr Verhaltensweisen zu ändern sind, umso mehr muss sich Ihr Kind anstrengen. Wissen wir nicht selbst, wie schwierig es ist, Angewohnheiten zu ändern?

Deshalb freuen Sie sich mit Ihrem Kind über seine Erfolge – auch wenn es zunächst nur kleine Anfangserfolge sind. So ermutigen Sie Ihr Kind weiterzumachen und sich täglich neue Erfolgserlebnisse zu verschaffen.

Auf jeden Fall wird der Punkteplan vom ersten Tag an positive Veränderungen bringen. Falls das nicht der Fall ist, stimmt irgendetwas mit dem Punkteplan nicht. Gehen Sie den Plan und die Spielregeln noch einmal gemeinsam mit Ihrem Kind durch. In der Regel finden Sie dann den „Knackpunkt". Falls nicht, wenden Sie sich bitte an einen Fachmann.

Ihr Schulpsychologe, ein verhaltenstherapeutischer Kinderpsychologe oder eventuell eine Selbsthilfegruppe kann Ihnen helfen, einen wirksamen Plan zu erstellen, der für Ihr Kind passt. Scheuen Sie den Weg dorthin nicht. Der Weg lohnt sich.

Manchmal empfiehlt es sich auch, nicht sofort alles auf einmal erreichen zu wollen, sondern in kleineren Schritten vorzugehen – zum Beispiel mit dem „Miniplan".

Der Miniplan

Der Miniplan ist die gekürzte, vereinfachte Form des Punkteplans. Sie spielen sozusagen Minigolf, bevor Sie mit dem richtigen Golfspiel beginnen. Und das funktioniert so:

Anstatt alle störenden Verhaltensweisen auf einmal anzugehen, geben Sie sich beim Miniplan zunächst mit kleinen Schritten zufrieden.

Schritt 1:

Sie schreiben die morgendliche Situation in Ihrer Familie auf.

Schritt 2:

Nun unterstreichen Sie zunächst eine oder zwei Situationen, die geändert werden sollen. Suchen Sie nur ein oder zwei Verhaltensweisen des Kindes heraus, die zu wünschen übrig lassen.

Schritt 3:

Nachdem Sie in Schritt 2 überlegt haben, was Sie verändern wollen, legen Sie nun fest, welches Ziel Sie erreichen wollen.

Schritt 4:

Das Endziel wird kurz formuliert und im Punkteplan aufgeschrieben.

Schritt 5:

Das Belohnungsprinzip erfolgt:

- entweder über Punkteverteilung und Verrechnung wie im großen Punkteplan
- oder über zu sammelnde Sticker (hat sich insbesondere sehr gut bei kleineren Kindern bewährt), die verrechnet werden
- oder über direkte kleine Anerkennungen.

Die ersparen Ihnen das Verrechnen der Punkte, das vielen lästig ist. Bitte machen Sie aber nicht den Fehler und verzichten auf die Liste mit dem Gedanken:

„Es reicht doch, wenn ich sage: 'Es gibt an jedem Morgen ein kleines Geschenk, wenn du pünktlich, gewaschen, gekämmt und eingecremt erscheinst.'" Ohne Liste vergessen wir Erwachsenen schnell einmal etwas und werden leicht inkonsequent. Die Liste ist unser Wächter. Durch das korrekte Führen der Liste geben Sie Ihrem Kind ein wertvolles Beispiel in Bezug auf Organisation. Bitte vergessen Sie niemals, sofort einzutragen, wenn Ihr Kind die Belohnung erhalten hat. (z. B. unter Mo: „B. e." = Belohnung erhalten).

Für die Kinder stellt die Liste eine Art Vertrag dar, der von beiden Seiten einzuhalten ist. Bedenken Sie: **Klarheit gibt Struktur – und Struktur gibt Sicherheit.** Auf der Liste bleibt für Ihr Kind sein Erfolg auch dann noch sichtbar, wenn die kleine Anerkennung längst eingetauscht, verloren oder aufgegessen ist. Die Liste hat also eine Art Langzeitwirkung: Bei jedem Blick auf die Liste ist Ihr Kind stolz, was es schon alles erreicht hat.

Es hat sich bewährt, die Wochenlisten abzuheften und am Ende des Monats gemeinsam mit dem Kind noch mal durchzusehen. Zeigen Sie Ihrem Kind, wie stolz Sie auf seine guten Erfolge sind.

Am Beispiel von Max könnte der **Miniplan** folgendermaßen aussehen:

			max. erreichte Punktzahl am				
Situation	**bis**	**Punkte**	**Mo.**	**Di.**	**Mi.**	**Do.**	**Fr.**
• Angezogen		1					
• Gewaschen		1					
• Gekämmt		1					
• Pünktlich in der Küche erschienen Mo-Do Fr	 7.20 h 8.20 h	1					

Für Anziehen, Waschen, Kämmen und pünktliches Erscheinen werden maximal vier Sticker eingeklebt.

Tageswertung:

- vier Sticker: Gewonnen
- drei Sticker: Unentschieden
- ein oder zwei Sticker: Verloren

Wochenwertung:

- 20 Sticker: Gewonnen
- 15 Sticker: Unentschieden
- Weniger als 15 Sticker: Verloren

Die Anreize für Max sind, wie Sie bereits wissen, dass er länger aufbleiben darf (Tageswertung) und das Übernachten bei den Großeltern am Wochenende (Wochenwertung). Welche Anreize Ihr Kind dazu bringen, Punkte zu sammeln und das Spiel zu gewinnen, wissen Sie selbst am besten.

Sobald die gewünschte Verhaltensweise durch die Unterstützung des Miniplans „selbstverständlich" geworden ist, nehmen Sie die nächste zu verändernde Verhaltensweise in Angriff. Anstatt „angezogen, gewaschen, gekämmt" und „pünktlich in der Küche sein" setzen Sie z. B. „kein Streit am Frühstückstisch" ein.

Kapitel 6: Das Wichtigste in Kürze

Eine der Voraussetzungen für ein strukturiertes Lernverhalten ist ein regelmäßiger Tagesablauf. Mit einfachen Mitteln, z. B. mit der Frühstücksliste, sorgen Sie dafür, dass Ihr Kind gut in den Tag kommt und in der Schule den Kopf fürs Lernen frei hat.

- Das Punkteplan-Spiel ist ein erfolgreiches Instrument, das Ihnen hilft, gemeinsam mit Ihrem Kind einen regelmäßigen Tagesablauf zu gestalten und einzuhalten und so ein strukturiertes Lernen sicherzustellen.
- Ihr Kind kann mit seinem Verhalten selbst steuern, ob es sich Privilegien verdient oder auf Gewohntes verzichtet. Durch die Unterscheidung von Tages- und Wochenwertung kann Ihr Kind auch bei einer „verlorenen" Tageswertung noch den Gesamtsieg in der Wochenwertung erringen und sich so selbst motivieren.

7

„Was hab ich bloß auf?" – Lernerfolge nach Plan

In diesem Kapitel erfahren Sie ...

- wie Sie mit Ihrem Kind ein Hausaufgabenkonzept erstellen
- wie Ihr Kind mit einem Klassenarbeitsplan die Voraussetzung für seine Schulerfolge schafft

Hausaufgaben erfolgreich erledigen

Hausaufgaben sollen bei Grundschulkindern den in der Schule durchgesprochenen Lernstoff vertiefen.

Am Anfang der Schullaufbahn erledigen viele Schüler ihre Hausaufgaben noch mit Begeisterung. In der Regel lässt diese Begeisterung jedoch sehr bald nach – und die Hausaufgaben werden zum notwendigen Übel. Einige Kinder bezeichnen Hausaufgaben sogar als Qual, Grauen, Drama oder ähnliches. Diese Bezeichnungen hören wir allerdings nicht nur aus dem Munde von Schülern, sondern häufig auch von deren Müttern. Sie als Mutter haben die hausaufgabenfreie Ferienzeit sicher schon genauso oft herbeigesehnt wie Ihr Kind.

Max' Mutter ging es nicht anders:

> *„Wenn* ***Max*** *nach Hause kommt, holt er sich sein Mittagessen, setzt sich vor den Fernseher und isst. Ungefähr eine Stunde lang lasse ich ihn fernsehen, damit er sich entspannen kann. Dann fordere ich Max auf mit seinen Hausaufgaben anzufangen. Fast immer antwortet er: ‚Es ist aber gerade so spannend', oder ‚Nur noch die eine Szene' oder ‚Ja, gleich'. Das führt gewöhnlich dazu, dass ich beim fünften oder sechsten Mal wütend die Sicherung fürs Wohnzimmer ausdrücke. Denn das Spielchen ‚ich schalte den Fernseher aus – er schaltet ihn wieder ein' hatten wir schon oft. Aber dann müssten Sie ihn mal erleben: Wie Rumpelstilzchen tobt er durchs Zimmer. Er schreit herum, und ich schreie noch lauter, um gegen sein Gebrüll überhaupt anzukommen. Manchmal muss ich ihn dann regelrecht am Kragen packen und in sein Zimmer vor den Schreibtisch schleifen. Wenn ich dann wieder das Chaos auf seinem Schreibtisch sehe, fege ich das gesamte Durcheinander mit der Hand auf den Fußboden. Ich schreie nun den zeternden Max an, endlich mit den Hausaufgaben anzufangen.*
>
> *Meist weiß er allerdings gar nicht, welche Hausaufgaben er machen soll. Dann kann ich erst einmal herumtelefonieren. Und wenn wir dann endlich die benötigten Schulsachen aus dem Ranzen gefischt haben (Fotokopien liegen meist zerknüllt ganz unten im Ranzen), klingelt unter Garantie das*

Telefon. Schnell wie der Blitz, bevor ich überhaupt etwas sagen kann, startet Max zum Telefon. Ich ermahne mich zur Ruhe und wir nehmen nach dem Telefonat einen zweiten Anlauf. Schon nach ein paar geschriebenen Worten jedoch muss Max unter Garantie dringend zur Toilette oder ist am Verdursten. Die Hausaufgaben werden abermals unterbrochen. Die gesamte Hausaufgabensituation ist schlichtweg ein Horror. Haben wir das Hausaufgabenpensum endlich geschafft, bin ich genervt, unzufrieden und erschöpft. Max lässt nach dem letzten Wort den Stift fallen und rennt erleichtert aus dem Zimmer."

Die Erstellung eines Hausaufgabenkonzeptes

In diesem Beispiel von Max stecken zwei Themenbereiche, die uns Eltern immer wieder zu schaffen machen: Die Ordnungsschwierigkeiten und die Schwierigkeiten mit dem Zeitmanagement unserer Kinder.

In den Bereich **„Ordnung"** gehört:

- Eine übersichtliche Schreibtischsituation
- Ein ordentlich gepackter Ranzen
- Vermeidung von Ablenkungen

Beim positiven **„Zeitmanagement"** ist zu achten auf:

- Pünktliches Beginnen mit den Hausaufgaben
- Abhilfe bei Trödelverhalten

Ihnen leuchtet das sicher sofort ein. Aber gleichzeitig fragen Sie sich: „Wie soll ich das meinem Kind schmackhaft machen?" Kinder halten nun mal nicht gern Ordnung. Sie empfinden das Ordnunghalten als lästig und überflüssig. Wir aber wollen, dass unsere Kinder **von selbst** Ordnung halten, aus eigenem Antrieb. Und wenn wir **das** erreichen wollen, dann müssen wir unseren Kindern das Ordnunghalten richtig „verkaufen" – wir müssen ihnen nämlich klarmachen, was sie davon haben, wenn sie Ordnung halten, z. B.:

- „Wenn du deinen Schreibtisch immer schön in Ordnung hältst, bist du wesentlich schneller mit den Hausaufgaben fertig. Du sparst Zeit, weil du nicht immer erst alles suchen musst."
- „Wenn du deinen Ranzen immer ordentlich und übersichtlich gepackt hast, ersparst du dir viel Ärger in der Schule. Du findest sofort alles, was du brauchst – und dein Lehrer hat keinen Grund, dich auszuschimpfen."

Wir Menschen ändern unser Verhalten immer nur dann, wenn wir uns einen Nutzen davon versprechen. Das ist bei Kindern nicht anders. Deshalb muss Ihr Kind erst einmal begreifen, was ihm das Ordnunghalten überhaupt bringt, bevor Sie anfangen, ihm zu zeigen, wie man am besten Ordnung schafft und hält.

Hier nun einige Vorschläge und Anleitungen, wie Sie durch Ordnung und Zeitmanagement das Thema „Hausaufgaben" so bewältigen können, dass Ihr Kind gern und erfolgreich arbeitet und Sie Ihre Nerven behalten.

Ordnung und Übersicht auf dem Schreibtisch

Ein geordneter Arbeitsplatz ist die Voraussetzung für zügiges Arbeiten und zügiges Arbeiten spart Zeit. Der Arbeitsplatz wird niemals unaufgeräumt verlassen. Nach dem Erledigen der Hausaufgaben wird er sofort wieder korrekt für den nächsten Tag vorbereitet – und schon wieder hat Ihr Kind Zeit gespart, weil es am nächsten Tag sofort mit den Hausaufgaben beginnen kann.

Wie sollte die Situation „um den Schreibtisch" im Idealfall aussehen?

Alle Dinge, die zum Arbeiten gebraucht werden – wie z. B. Bücher, Lineal, Radiergummi, Stifte, Ersatzfüller, Patronen, Wecker oder Eieruhr (Näheres unter „Zeitmanagement") – sollen mühelos erreichbar sein. Andere Gegenstände wie Autos, Lego, Spielkarten etc. lenken vom Wesentlichen ab. Sie haben auf dem Schreibtisch nichts verloren. Der Schreibtisch ist kein Spieltisch. Er ist ein Arbeitsplatz. Ein zusätzlicher kleiner Tisch im Kinderzimmer – ausschließlich zum Spielen – erleichtert das Ordnunghalten sehr. Arbeitsmaterialien sind immer wieder an die gleiche Stelle zu legen. Der Griff zum Lineal oder Kinderlexikon soll – ohne zu überlegen – wie mit verbundenen Augen klappen. Denn Suchen unterbricht den Lernvorgang und kostet unnötige Zeit.

Lassen Sie Ihr Kind hin und wieder mit verbundenen Augen oder einer Augenmaske (sehr beliebt bei den Kindern) die Gegenstände auf seinem Schreibtisch greifen. Kann es den Gegenstand finden? Wie lange sucht es? Stoppen Sie die Zeit. Versuchen Sie es selbst auch einmal – und diesmal darf Ihr Kind die Zeit nehmen. Machen Sie ein Spiel daraus, das Ihnen beiden Spaß macht.

Wenn Ihr Kind seine Sachen im wahrsten Sinne des Wortes „blindlings" findet, hat es einen wichtigen Schritt zum reibungslosen, effektiven Lernen getan.

Helfen Sie Ihrem Kind, seinen Arbeitsplatz zu strukturieren. Gestalten Sie ihn so übersichtlich wie nur irgend möglich:

- Kaufen oder basteln Sie mit Ihrem Kind Kästchen für die Stifte und Stehsammler für die Hefte.
- Bei einem kleinen Schreibtisch ist ein Regal (Brett) über dem Schreibtisch als Ablage oft hilfreich.
- Organisieren Sie durch Farben. Farben schaffen nicht nur eine freundliche Atmosphäre – sie lassen uns auch auf einen Blick erkennen, was wohin gehört, oder welche Materialien zusammengehören.
- Binden Sie zum Beispiel alle Deutschmaterialien (Bücher, Hefte) in Abstufungen der Farbe grün ein, alle Mathematikmaterialien in Abstufungen der Farbe blau usw. Die Stehsammler auf dem Regal werden ebenfalls in dem dazugehörigen Farbton beklebt.

- Bringen Sie über oder neben dem Schreibtisch Ihres Kindes einen überdimensional großen Stundenplan an. Tragen Sie die Schulfächer in den entsprechenden Farben ein oder lassen Sie noch besser Ihr Kind dies übernehmen, z. B: Deutsch grün – Mathe blau (Näheres dazu im folgenden Abschnitt).

Ordnung im Schulranzen

Jennifer *sucht im Matheunterricht verzweifelt in ihrem Ranzen nach dem Heft. Sie kann es nicht finden. Deshalb bekommt sie vom Lehrer einen „Strich“ für fehlende Hausaufgaben eingetragen. Sie ist darüber sehr traurig. Sie hat doch die Hausaufgaben gestern sorgfältig erledigt. Auf dem Nachhauseweg will sie ihrer Freundin das neue Stickeralbum zeigen. Sie kramt im Ranzen, und dabei fällt ihr das Mathematikheft in die Hände.*

Marc *steht allein vor seinem Klassenzimmer. Die Tür ist abgeschlossen. Er kann nicht verstehen, dass keiner seiner Mitschüler da ist. Nachdem er längere Zeit unruhig gewartet hat, kommt sein Religionslehrer über den Gang. Er erinnert ihn daran, dass seine Klasse in den Zoo gefahren ist. Der Benachrichtigungszettel an die Eltern, auf dem steht, dass die Kinder heute eine halbe Stunde früher in der Schule sein sollen, liegt zerknüllt in Marcs Ranzen.*

Helfen Sie Ihrem Kind beim ersten Mal, seinen Ranzen zu ordnen. Dazu sollten Sie den Ranzen zuerst einmal komplett ausleeren. Sie werden überrascht sein, was alles zum Vorschein kommt. Sortieren Sie alle Dinge aus, die für die Schule nicht notwendig sind. Organisieren Sie den Inhalt des Ranzens mit ebensoviel Bedacht wie das Umfeld des Schreibtisches. So schützen Sie sich und Ihr Kind vor bösen Überraschungen.

Einige **Tipps,** die Eltern und Kinder immer wieder als hilfreich empfunden haben:

- Manche Kinder kommen mit Abtrennungen im Ranzen für die verschiedenen Fächer gut zurecht: Ein Abteil für Deutsch, eins für Mathematik und eins für Sachkunde. Obenauf das Mäppchen.
- Wie der Name „Ordner“ schon sagt, ist ein Ringordner hilfreich, um Ordnung zu halten. Erklären Sie Ihrem Kind den Umgang mit einem solchen Ordner. Dann wird es nicht versuchen, ihn mit Gewalt zu öffnen und dabei kaputtmachen, weil es den Mechanismus noch nicht kennt. Lochen Sie alle Hefte Ihres Kindes und heften Sie sie farbig sortiert ein. Trennstreifen in

der entsprechenden Farbe (z. B: Deutsch – grün) zwischen den verschiedenen Fächern, korrekt beschriftet, erleichtern das Abheften – und vor allem das rasche Finden.

- Sehen Sie im Ordner auch einen Abschnitt für Kopien vor. Bitten Sie den Klassenlehrer darum, alle Kopien gelocht auszuteilen. Er sollte ebenfalls darauf achten, dass alle Kopien, die er austeilt, sofort abgeheftet werden. Mit der Zeit macht Ihr Kind das ganz von selbst, und lästiges Suchen und Vergessen entfällt. Durch das Abheften wird Zeit gespart. Weniger bewährt haben sich Mappen zum Einlegen der Hefte. Meist leiden die Hefte, weil die Kinder sie nach der Stunde eilig hineinstopfen.

Nachdem Sie nun gemeinsam ein Ordnungssystem für den Ranzen geschaffen haben, geht es darum, den Ranzen systematisch und ordentlich zu packen. Auch dabei können – und sollten – Sie Ihrem Kind anfangs helfen.

Ein Blick auf den großen Stundenplan sagt beispielsweise:

8.00 – 8.45	Mathematik
8.50 – 9.35	Mathematik
9.50 – 10.35	Deutsch
10.40 – 11.25	Kunst

Gemäß dem Stundenplan werden für den nächsten Tag zuerst die Mathematiksachen eingepackt, dann die für Deutsch, und anschließend die Materialien für den Kunstunterricht bereitgelegt.

Hat Ihr Kind Schwierigkeiten mit dem Packen des Ranzens, empfehlen wir einen Stunden-/Ranzenpackplan, der folgendermaßen aussehen kann:

- 8.00 – 8.45 Mathematik
  8.50 – 9.35 Mathematik
  Für Mathematik drei blaue Teile:
  Hausheft ☐ Schulheft ☐ Mathematikbuch ☐

- 9.50 – 10.35 Deutsch

  Für Deutsch vier grüne Teile:

  Hausheft ☐ Schulheft ☐ Sprachbuch ☐ Lesebuch ☐
- 10.40- 11.25 Kunst

  Für Kunst:

  Zeichenblock ☐ Wasserfarben ☐ zusätzliche Materialien ☐

Jeder Gegenstand, der eingepackt ist, wird im Kästchen dahinter angekreuzt. Nachdem der Ranzen gepackt und der Schreibtisch geordnet ist, werden Ranzen und Zeichenutensilien nebeneinander auf den Schreibtisch gestellt. So ist am nächsten Morgen alles griffbereit.

Ordnung im Hausaufgabenheft

Was in keinem Ranzen fehlen darf, ist ein Hausaufgabenheft. Das korrekte Aufschreiben der Hausaufgaben in der Schule erspart Zeit und Ärger zu Hause.

- Trainieren Sie mit Ihrem Kind, seine Eintragungen in diesem Heft, wie auch in seinen anderen Heften, mit Datum zu versehen.
- Achten Sie darauf, dass Eintragungen Seite für Seite erfolgen. Häufig stehen nämlich die Eintragungen kunterbunt verteilt – mal in der Mitte, mal hinten im Heft.
- Besprechen Sie mit Ihrem Kind, wie viele Leerzeilen zwischen zwei Eintragungen gehören. Es gibt nämlich Kinder, die lassen ganze Seiten dazwischen frei. Kaufen Sie Hefte mit linkem und rechtem Rand. Die Ränder begrenzen das Geschriebene.
- Sollte das korrekte Eintragen schwierig für Ihr Kind sein, zeigen Sie ihm, wie es seine Einträge ordnen kann. Oft entstehen Fehler allein durch „ungeordnetes“ Notieren.
- Fordern Sie von Ihrem Kind Ordnung in der Heftführung. Kontrollieren Sie anfangs täglich, und koppeln Sie die Ergebnisse an das Punkteplan-Spiel.

- Noch ein Hinweis für das Notieren der Hausaufgaben: Um einen noch besseren Überblick zu bekommen, sind Hausaufgaben im entsprechenden Farbton einzutragen (z. B: Deutsch mit grüner Schrift) oder hinter einem Kästchen mit der entsprechenden Farbe. Bei Kindern, die häufig ihre (farbigen) Stifte verlieren oder langsam schreiben, hat sich das Eintragen hinter den markierten Kästchen bewährt. Diese Kästchen können jeweils für ein paar Tage zu Hause vorgemalt werden. Dann braucht Ihr Kind keine verschiedenfarbigen Stifte zu suchen, und es vertrödelt keine Zeit.

Das Hausaufgabenheft sollte auch als Mitteilungsheft zu nutzen sein. Das Notieren der Klassenarbeitstermine im Hausaufgabenheft ist für unorganisierte, vergessliche Kinder unabdingbar. Legen Sie eine Farbe fest, die Ihr Kind ausschließlich zum Eintragen von Klassenarbeitsterminen verwendet (z. B. Rot).

Und achten Sie darauf, dass Ihr Kind nach den Hausaufgaben sofort seinen Ranzen für den nächsten Tag packt und griffbereit auf seinem Schreibtisch bereitstellt.

So chaotisch sehen viele Hausaufgabenhefte aus.

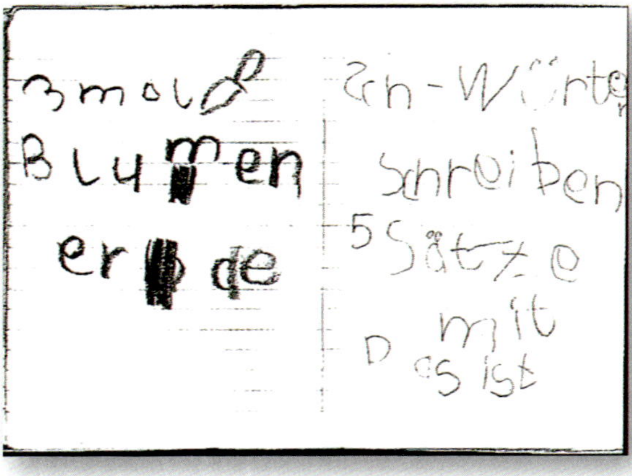

So übersichtlich sollten die Einträge angeordnet sein.

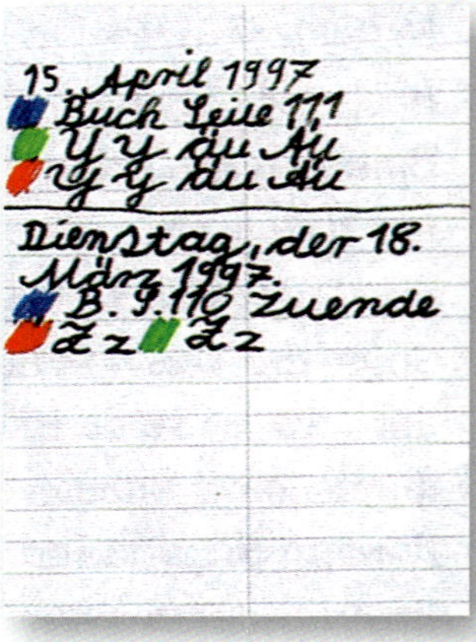

Ablenkungen

Bestimmen Sie eine – möglichst täglich gleiche – Hausaufgabenzeit. Ordnen Sie in Ihrem Haus für diese Hausaufgabenzeit Ruhe an. Diese Ruhezeit ist notwendig. In Internaten z. B. wird sie mit dem lateinischen Wort „Silentium“ (Stille) bezeichnet. Alle Ihre Kinder haben sich danach zu richten. Auch jüngere Geschwister können dies lernen. Natürlich müssen auch Sie selbst sicherstellen, dass während der Hausaufgabenzeit Ruhe im Haus herrscht.

Schon das Klingeln von Telefon oder Türglocke reißt Kinder beim Lernen aus ihrer Aufmerksamkeit. Häufig ist es für sie schwierig, anschließend die Gedanken wieder auf das Thema der Hausaufgaben zu lenken.

Ein einfacher **Tipp:** Stellen Sie Telefon und Türglocke während der Hausaufgabenzeit ab. Und achten Sie darauf, dass die Freunde Ihres Kindes niemals vor einer festgesetzten Uhrzeit unter dem Fenster stehen. Informieren Sie deren Mütter über „Ihre Zeiten“.

Zeitmanagement

Pünktlicher Anpfiff und kein „Spiel auf Zeit"

***Katharina** spielt mit ihrem Puppenhaus. Schon zum fünften Mal ruft die Mutter aus der Küche, ob sie denn endlich mit den Hausaufgaben fertig sei. Sie bekommt keine Antwort. Als die Mutter nach einer halben Stunde ins Zimmer kommt, stellt sie fest, dass Katharina mit den Hausaufgaben überhaupt noch nicht angefangen hat.*

Ständiges Bitten stumpft ab. Aufforderungen müssen gezielt gegeben werden. Dabei können Sie sich auch einen neutralen Dritten zu Hilfe nehmen, der die Aufforderung für Sie ausspricht. In diesem Fall ist der neutrale Dritte – wieder einmal der Wecker.

Vereinbaren Sie mit Ihrem Kind, wie lange die Entspannungsphase vor den Hausaufgaben dauern soll. Dann stellt Ihr Kind den Wecker auf diese Zeit ein. Sie stellen sich Ihren eigenen Wecker auf dieselbe Zeit. Nach Ablauf der Zeit geht Ihr Kind an den Schreibtisch, und Sie schauen nach, ob es die Vereinbarung eingehalten hat.

***Leon** sitzt an seinem Schreibtisch und hat die Hausaufgaben vor sich liegen. Verträumt schaut er aus dem Fenster. Nach ein paar Minuten steht er auf und holt sich etwas zu trinken. Ganz in Gedanken versunken nippt er an seinem Saft. Die Zeit verrinnt.*

Die Erfahrung zeigt, dass trödelnden Kindern bei der Zeiteinteilung ihrer Hausaufgaben geholfen werden kann.

Das Hausaufgaben-Zeitmanagement

Auch hier braucht Ihr Kind besonders am Anfang Ihre Unterstützung. Sie müssen ihm etwa zwei Wochen lang täglich Hilfestellung geben. Schon bald werden Sie durch selbständiges, zügiges Erledigen der Hausaufgaben belohnt.

So trainieren Sie mit Ihrem Kind ein erfolgreiches Zeitmanagement:

1) Schauen Sie im Hausaufgabenheft Ihres Kindes nach, welche Hausaufgaben heute anstehen. Vergleichen Sie die aufgeschriebenen Hausaufgaben mit dem Stundenplan. Haken Sie nach, wenn in einem Fach „nichts auf ist".
2) Schätzen Sie gemeinsam mit Ihrem Kind für jedes Fach einzeln die Zeit ein, die es wahrscheinlich zum Erledigen der Hausaufgaben braucht. Schätzen Sie die Zeit nicht zu knapp ein, sonst setzen Sie Ihr Kind unnötig unter Druck. Eine zu hohe Zeitvorgabe hingegen fördert wieder das Trödelverhalten. Sind Sie sich unsicher, fragen Sie den Lehrer, in welcher Zeit Ihr Kind diese Aufgabe schaffen kann.
3) Kontrollieren Sie die Zeit. Stellen Sie den Wecker auf dem Schreibtisch Ihres Kindes auf die geschätzte Zeit ein.
4) Wenn der Wecker dann klingelt, sehen Sie nach, ob die Aufgabe erledigt ist. Und dann überlegen Sie gemeinsam, warum Ihr Kind vielleicht schneller oder langsamer war, als Sie beide vorher geglaubt hatten.

Das Eintragen der Daten in folgende Liste hat sich bewährt:

Name: ______________________ Datum: ______________________

Fach: ____

Aufgabe: ____

- Wie lange werde ich ungefähr brauchen? _______min.
- Wie lange habe ich tatsächlich gebraucht? _______min.
- Habe ich mehr oder weniger Zeit gebraucht, als ich dachte?

  ☐ mehr Zeit ☐ weniger Zeit
- Weshalb habe ich weniger bzw. mehr Zeit gebraucht?

Wenn Sie so eine Liste eine Zeitlang führen, bekommen Sie langsam eine Gefühl für die Zeiten, die die verschiedenen Aufgaben erfordern und für die Zeiten, die Ihr Kind dafür braucht. Daraus können Sie dann ein persönliches Zeitmanagement für Ihr Kind ableiten. Dieses Zeitmanagement hilft Ihrem Kind,

- das Trödeln abzustellen
- ein Gefühl für die Zeit zu entwickeln
- unter Zeitdruck arbeiten zu lernen

Bei Kindern wie Max, die unstrukturiert oder vergesslich sind, ist es wichtig, Hausaufgaben immer am selben Tag zu erledigen, an dem sie aufgegeben wurden.

Die Regel „Alle Hausaufgaben sind sofort zu erledigen" ist einfach einzuhalten. Denn die Aufgaben können leichter gelöst werden, wenn der Unterricht noch frisch in Erinnerung ist.

Die fertigen Hausaufgaben sollten dann möglichst am Tag vor der Besprechung in der Schule noch mal durchgesehen werden, um sich die Aufgabenstellung wieder ins Gedächtnis zu rufen.

Der Punkteplan bei Hausaufgaben

Was ein Punkteplan ist, wissen Sie ja bereits. Er leistet uns gute Dienste, wenn es um das Verändern von Verhaltensweisen geht.

Punktepläne können natürlich nicht nur – wie beschrieben – zum guten Start in den Morgen genutzt werden, sondern jederzeit helfen, gewünschte Veränderungen zu erreichen.

Im Fall von Max zum Beispiel gab es auch **nach** der Schule ungünstige Verhaltensweisen. Deshalb wurde auch für die Hausaufgaben ein Punkteplan erstellt.

Den Morgenplan für Max kennen Sie ja schon. Jetzt möchten wir Ihnen zeigen, wie der Plan für die Zeit nach der Schule entsteht und Ihnen anschließend den kombinierten Plan zeigen.

Bitte gehen Sie bei der Erstellung des Plans für Ihr eigenes Kind, ebenso wie wir, schrittweise vor. Denn Ihr Kind ist überfordert, wenn Sie alles auf einmal von ihm verlangen. Wenn Sie es aber Schritt für Schritt ans Ziel heranführen, kann es Ihnen folgen, verliert unterwegs nicht den Mut und wird sein Ziel erreichen.

Schritt 1:

- Die Hausaufgabensituation schriftlich festhalten

Schritt 2:

- Die zu verändernden Situationen („Vorher“) unterstreichen

Schritt 3:

- Den gewünschten Zielzustand („Nachher“) formulieren

Schritt 4:

- Überlegen, welche anderen, zusätzlichen Maßnahmen zum Erreichen des Ziels hilfreich sein könnten

Schritt 5:

- Die Spielregeln vereinbaren: Punktewertung und Anreize festlegen

Die Erstellung eines solchen Plans ist am Anfang nicht ganz einfach. Deshalb schauen wir uns hier wieder das Beispiel von Max an – und zwar die Schritte 2, 3 und 4:

Schritt 2: Vorher	Schritt 3: Nachher
• Max kommt nach Hause und isst vor dem Fernseher. • Max sitzt zur Entspannung eine Stunde vor dem Fernseher. • Nach der „Entspannungsstunde“ muss die Mutter ihn ständig auffordern, mit den Hausaufgaben zu beginnen. • Max weiß nicht, was er an Hausaufgaben zu erledigen hat. • Im Schulranzen herrscht Unordnung. • Max trödelt bei den Hausaufgaben. • Max hinterlässt nach den Hausaufgaben ein Chaos auf dem Schreibtisch.	• Max isst zusammen mit seiner Mutter in der Küche. • Es gibt 20 Minuten Entspannungspause im Haus oder im Garten. • Max beginnt ohne Aufforderung mit den Hausaufgaben. • Max kann im Hausaufgabenheft nachsehen, was heute anliegt. • Der Inhalt des Schulranzens ist ordentlich, übersichtlich und leicht zu greifen. • Max erledigt die Hausaufgaben zügig. • Zu jeder Zeit herrscht Ordnung auf dem Schreibtisch.

Schritt 4:

Welche anderen, zusätzlichen Maßnahmen können hilfreich sein?

1) Max’ Eltern haben beschlossen, den Fernseher für einen Monat auf den Speicher zu verbannen. Das Essen vor dem Fernseher war nämlich für Max schon derart selbstverständlich geworden, dass es schwer gewesen wäre, dieses „Ritual“ zu durchbrechen und sein Verhalten zu ändern. Wenn Verhaltensweisen sozusagen „wie automatisch“ ablaufen, ist das Verändern äußerer Umstände einfacher als das Verändern von Verhaltensweisen. Hier war es leichter, den Fernseher verschwinden zu lassen, als Max dazu zu

bewegen, aufs Fernsehen zu verzichten. Überprüfen Sie deshalb die zu verändernden Situationen Ihres Kindes auf solche Rituale.

2) Max lernte, mit seiner Mutter gemeinsam am Tisch zu essen.
3) Die anschließende Entspannungsphase vor den Hausaufgaben wurde auf 20 Minuten begrenzt. Max sah schnell ein, dass es besser ist, mit den Hausaufgaben früher fertig zu sein und anschließend mehr Zeit zum Spielen zu haben. Die Entspannungszeit wurde mit einem Wecker geregelt – als unabhängigem Dritten.
4) Der Beginn der Hausaufgaben wurde ebenso vom Wecker „eingeläutet".
5) Gemeinsam mit seiner Mutter bastelte Max farbige Ablagen, schlug seine Bücher und Hefte in farbiges Papier und beschriftete die Hefthalter.
6) Max' Mutter half ihm am Wochenende, das Hausaufgabenheft für die folgende Woche mit den entsprechenden farbigen Kästchen für jedes Fach vorzubereiten.
7) Max und seine Mutter kauften gemeinsam Ordner, in die die gelochten Hefte kamen. Max durfte sich einen Ordner mit seinen Lieblings-Disney-Figuren aussuchen.
8) Das Trödeln bei den Hausaufgaben wurde durch das Zeitmanagement abgestellt.
9) Erst nachdem Max seinen Schreibtisch aufgeräumt hatte, durfte er zum Spielen rausgehen.

Der Punkteplan für den gesamten Schulbereich

In diesem Plan ist nun alles zusammengefasst, was Max (und natürlich auch Ihr Kind) braucht, um ohne Stress entspannt und erfolgreich lernen zu können. Damit Ihr Kind aber auch wirklich gern mitmacht, braucht es Anreize und persönliche Ziele, die es mit Hilfe des Punkteplans aus eigener Kraft erreichen kann.

Die Anreize, die Max motivieren, kennen Sie bereits (länger aufbleiben, bei den Großeltern übernachten). Vielleicht springt Ihr Kind auf ganz andere Dinge an. Aber das wissen Sie selbst am besten.

Situation	bis	Punkte	Mo.	Di.	Mi.	Do.	Fr.
Vor der Schule							
• Erscheinen im Bad Mo-Do Fr	7.00 h 8.00 h	3					
• Zähneputzen, Waschen, Eincremen, Kämmen	sofort	3					
• Korrekt anziehen, Sachen zur Tür Mo-Do Fr	7.20 h 8.20 h	2					
• In die Küche	sofort	1					
• Kein Streit	sofort	3					
Nach der Schule							
• Nach Entspannungsphase an den Schreibtisch	sofort (Piepton)	3					
• Ordentliches Hausaufgabenheft	immer	2					
• Einschätzen der Hausaufgabenzeit	vorher	1					
• Hausaufgaben im Rahmen der geschätzten Zeit	sofort	3					
• Schreibtisch ordnen	sofort	3					
• Schultasche packen	sofort	2					
Erreichte Punktzahl pro Tag (max. 26)							
Erreichte Punktzahl Mo-Fr (max. 130)							

Das Punkteplan-Spiel läuft jedenfalls immer nach denselben Spielregeln:

- Mindestpunktzahl übertroffen: gewonnen
- Mindestpunktzahl erreicht: unentschieden
- Mindestpunktzahl nicht erreicht: verloren

Welche Mindestpunktzahlen pro Tag und pro Woche erreicht werden sollen, legen Sie gemeinsam mit Ihrem Kind fest. Und was es jeweils für Sieg, Unentschieden oder Niederlage gibt – das besprechen und vereinbaren Sie ebenfalls gemeinsam mit Ihrem Kind.

Das Vorschuss-Belohnungssystem

Julius, *7 Jahre alt, mit einer großen Vorliebe für Gummibärchen, bereitet seiner Mutter ebenfalls Schwierigkeiten beim Erledigen der Hausaufgaben. Er möchte lieber spielen und es dauert lange, bis er endlich bereit ist, mit den Hausaufgaben zu beginnen. Und wenn er dann angefangen hat, trödelt er herum.*

Wir rieten zu einem Vorschuss-Belohnungssystem, beginnend mit 30 Gummibärchen:

Nach dem Mittagessen geht seine Mutter mit den Gummibärchen an seinen Schreibtisch und legt oben rechts in die Ecke 30 Gummibärchen. In der Regel läuft er mit ihr zum Schreibtisch. Kommt er nicht mit oder lässt sie warten, wird für jede Warteminute ein Gummibärchen entfernt.

Macht er seine Hausaufgaben zügig, bleibt sein Gummibärchenkonto erhalten. Bei Trödelei zählt die Mutter: „Die erste Zahl ist eins, die zweite Zahl ist zwei, und bei der Zahl drei wird ein Gummibärchen für mich frei." Die Mutter genehmigt sich ein Gummibärchen.

Julius ist sehr bemüht, kein Gummibärchen zu verlieren, und die Hausaufgaben werden zügig erledigt.

Das „Ich-möchte-gern“-Prinzip

Das „Ich-möchte-gern“-Prinzip besagt, dass von zwei Aktivitäten mit unterschiedlicher Attraktivität die attraktivere als Belohnung für die weniger attraktive eingesetzt werden kann.

Das ist ein Prinzip, das viele von Ihnen regelmäßig nutzen.

***Finn** ist vernarrt in seinen Computer. Am liebsten würde er sich sofort nach der Schule davor setzen und spielen. Doch er weiß: das Computerzimmer ist verschlossen. Erst wenn er seine Hausaufgaben ordentlich erledigt hat, öffnen sich die Türen.*

Die Eltern von Finn nutzen das „Ich-möchte-gern“-Prinzip. Wenn Finn nach der Schule zwischen Computerspiel und Hausaufgaben wählen dürfte, würde er sich mit Sicherheit für das Computerspiel entscheiden. Also wird die für Finn attraktivere Aktivität (am Computer spielen) als Belohnung für das Erledigen der weniger attraktiven (Hausaufgaben erledigen) angeboten.

***Nele** liebt es, stundenlang mit ihren Puppen zu spielen. Hat sie erst einmal begonnen, ist sie in ihre eigene Welt versunken. Sie genießt ihr Spiel. Direkt nach dem Mittagessen stürzt sie in ihr Zimmer und beginnt zu spielen. Unzählige Aufforderungen ihrer Mutter, endlich mit den Hausaufgaben zu beginnen, bleiben erfolglos.*

Am Beispiel von Nele sehen wir, dass das Prinzip nicht funktioniert, wenn es umgekehrt wird. Hausaufgaben sind eben keine Belohnung für ein vorher erledigtes Puppenspiel.

Wenn Finn nach den Hausaufgaben an den Computer darf, wirkt das als Belohnung. Wenn Nele ihr Puppenspiel beenden muss, um Hausaufgaben zu machen, bedeutet das Verzicht und wirkt wie eine Strafe.

Nele würde ihre Hausaufgaben sicher lieber und schneller erledigen, wenn ihr die Belohnung „Puppenspiel“ winken würde.

Wir alle erinnern uns an Sprüche wie „Erst die Arbeit, dann das Vergnügen“. Dahinter steckt das „Ich-möchte-gern“-Prinzip.

Wichtig für den Erfolg dieses Prinzips ist allerdings, dass die (ungeliebten) Hausaufgaben nicht flüchtig und oberflächlich „husch-husch“ gemacht werden – nur, um möglichst schnell an die Belohnung zu kommen. Die Belohnung (Computer- oder Puppenspiel) gibt es erst dann, wenn die Hausaufgaben vollständig und richtig erledigt sind. Hier sind Sie als Eltern wieder in Ihrer Funktion als „Trainer“ gefragt.

Am besten ist natürlich, wenn die Hausaufgaben bei Ihrem Kind gar nicht so unbeliebt sind. Je mehr Erfolgserlebnisse Ihr Kind bei den Hausaufgaben hat, umso lieber wird es sie machen. Und wie viele Erfolgserlebnisse Ihr Kind hat, das hängt nicht nur davon ab, wie viel es richtig macht – sondern vor allem davon, wie viel Lob Ihr Kind von Ihnen dafür bekommt. Sparen Sie nie mit Lob. Ihr Lob macht Ihr Kind stark. Und jeder Mensch – auch Ihr Kind – kann viel mehr Lob vertragen, als Sie sich im Moment vielleicht vorstellen können.

Fördern statt Fordern – so unterstütze ich mein Kind beim Lernen

Kinder mit Schwierigkeiten beim Lernen oder bei den Hausaufgaben sind auf unsere Unterstützung angewiesen. Sie brauchen Hilfe. Sie sitzen nicht stundenlang vor den Aufgaben, um uns zu ärgern. Sie haben eine Schwäche, die sie beeinträchtigt. Nur allzu gern würden sie ebenso gut und schnell „funktionieren“ wie ihre Mitschüler.

Einige der Hilfsmöglichkeiten wie Punkteplan, Zeitmanagement, Ranzenpackplan etc. haben Sie schon kennengelernt. Aber wir sind noch nicht auf den wichtigsten Faktor zu sprechen gekommen – und das sind **Sie selbst.**

Der Umgang mit Ihrem Kind beim Lernen oder den Hausaufgaben ist ausschlaggebend. Bewährt hat sich „liebevolle Konsequenz“: **Seien Sie liebevoll, aber konsequent.** Diese beiden Eigenschaften werden in der Geschäftswelt zu den Voraussetzungen für gute Führungsqualitäten gezählt. Werden Sie zum „Manager“ im Umgang mit Ihrem Kind.

Seien Sie gerecht und bleiben Sie unter allen Umständen ruhig. Zeigen Sie aber auch, dass **Sie** die Situation beherrschen – und nicht das Kind. Aber **verwechseln Sie Konsequenz nicht mit Härte.**

Anhand von Beispielen möchten wir den Unterschied zwischen negativen und positiven Reaktionen auf kindliches Verhalten deutlich machen.

***Luis** sitzt motzend vor seinem Schreibtisch und schimpft vor sich hin: „Diese blöde Kuh – so viele Hausaufgaben aufzugeben. Das schaff ich nie. Da mach ich gar nichts. Das geschieht der ganz recht."*

Negative Elternreaktion	Positive Elternreaktion
„Stell dich nicht so an. So viel ist es doch gar nicht. Du hast wohl immer noch nicht kapiert, dass du für dich lernst und nicht für deine Lehrerin. Du strafst dich selbst und nicht die Lehrerin, wenn du nicht übst."	Tun Sie so, als hätten Sie es gar nicht gehört. Warten Sie erst einmal geduldig ab, ob er/sie nicht doch noch von selbst beginnt. Ein ehrliches Mitbrummeln wie: „Du hast ja recht, wirklich viel", kann helfen das Kind zum Arbeiten zu bewegen. Vermeiden Sie jegliche Ironie, Ihr Kind muss sich ernstgenommen fühlen. Geben Sie einen Anreiz für das Erledigen der Hausaufgaben, z. B: „Vielleicht kommen ja gerade diese Aufgaben in der nächsten Klassenarbeit dran – dann bist du froh, wenn du sie schon kannst."

Hinter der positiven Elternreaktion steckt das Prinzip: **„Aufgreifen statt Angreifen".**

Immer positiv zu reagieren, ist nicht einfach. Schließlich sind Sie ja selbst genervt und im Stress. Und da rutscht einem schnell mal ein Vorwurf raus, den man vielleicht gar nicht machen wollte. Aber Sie wollen ja etwas erreichen – nämlich, dass Ihr Kind nicht meckert, sondern seine Hausaufgaben macht. Und das schaffen Sie nur, wenn Sie ihm Verständnis entgegenbringen, wenn Sie es unterstützen und aufbauen. Deshalb merken Sie sich eins: Mit positiven Reaktionen erreichen Sie auf jeden Fall mehr als mit negativen Reaktionen.

***Niklas** hat fast alles schön abgeschrieben. Aber die letzten Zeilen sind einfach so „hingeschmiert".*

Negative Elternreaktion	Positive Elternreaktion
„Der obere Teil ist soweit in Ordnung, aber der Rest ... Eigentlich solltest du alles noch mal sauber abschreiben. Das kannst du unmöglich so lassen!"	„Du, das sieht ja schon ganz toll aus. Du machst richtig Fortschritte. Ich bin wirklich stolz auf dich. Beim nächsten Mal schaffst du es bestimmt, auch die letzten paar Zeilen genauso schön zu schreiben wie alles andere. Und dann gibt es eine Belohnung."

Wichtig: Vergessen Sie nicht, was Sie Ihrem Kind versprochen haben. Es ist enttäuscht, wenn Sie beim nächsten Mal nicht mehr daran denken. Ihr Kind erinnert sich gewiss.

Verstärken Sie das Positive. Kritisieren Sie nicht an Kleinigkeiten herum. Das erzeugt nur Frust und schafft keine Motivation für das Lernen.

***Kerstin** hat tagelang fleißig mit ihrer Mutter für die Mathearbeit geübt. Zu Hause hat sie den Lernstoff vollkommen beherrscht, doch in der Klassenarbeit wieder eine „5" geschrieben.*

Negative Elternreaktion	Positive Elternaktion
„Weshalb übe ich mit dir eigentlich noch? Wieder einmal habe ich meine kostbare Zeit mit dir verplempert. Ich kann es nicht fassen. Ich bin total enttäuscht von dir."	Geben Sie dem Kind am Abend vor der Klassenarbeit eine kleine Belohnung für das fleißige Üben und sagen: „Ich bin stolz auf dich, weil du so fleißig geübt hast." Trösten Sie, wenn der Erfolg ausbleibt. Auch Kinder, die Kummer nicht zeigen können, sind bitterlich enttäuscht. Das Kind hat soviel gelernt und wurde dafür nicht belohnt.

Belohnen Sie die Anstrengungsbereitschaft Ihres Kindes – nicht die Note unter der Arbeit. Das schafft Vertrauen und gibt Ihrem Kind das Gefühl, dass noch nicht alles verloren ist. Erst, wenn Sie Ihrem Kind diese Sicherheit gegeben haben, können Sie behutsam beginnen, nach den Ursachen für die schlechte Note zu forschen. Vielleicht hilft Ihnen dabei auch ein Gespräch mit dem Lehrer.

***Max** sitzt an den Hausaufgaben. Das Telefon klingelt. Wie der Blitz springt er auf und rennt zum Telefon.*

Negative Elternreaktion	Positive Elternaktion
„Ich habe Dir schon hundertmal gesagt: Du sollst während der Hausaufgaben nicht ans Telefon rennen. Kapierst du denn gar nichts? Wenn Du nicht sofort herkommst, passiert ein Donnerwetter."	Stellen Sie das Telefon während der Hausaufgabenzeit ab, oder das Klingeln auf ganz leise.

Seien Sie vorausschauend: Verhindern Sie negatives Verhalten schon im Vorfeld durch vorbeugende Maßnahmen.

***Lilli** sitzt traurig über den Rechenaufgaben und kann sie nicht lösen. Sie versteht nicht, was „Teilen" eigentlich bedeutet.*

Negative Elternreaktion	Positive Elternreaktion
„Das ist doch ganz einfach. Das Einmaleins kannst Du doch schon ganz gut aufsagen. Da darf dir das Teilen doch gar nicht schwerfallen. Es ist sozusagen nur die umgekehrte Form von Malnehmen. Wenn Du die 12 durch 3 teilst ..."	Holen Sie zum Beispiel Salzstangen oder Gummibärchen. Dann legen Sie 6 Stück vor das Kind und bitten es: „Teile sie zwischen uns beiden gerecht auf."

Wählen Sie eine direkte, kurze Ansprache. Benutzen Sie einfache Wörter. Achten Sie darauf, dass Ihr Kind nicht auf Durchzug geschaltet hat.

Demonstrieren Sie (z. B. mit Salzstangen oder Gummibärchen). Sie können gar nicht konkret genug sein. Denn Ihr Kind braucht keine abstrakten Theorien, sondern anschauliche Beispiele, die es nachvollziehen und selbst umsetzen kann.

***Tim** hat bei den Hausaufgaben schon wieder einmal statt mit „-“ einfach weiter mit „ +“ gerechnet. Und damit sind alle restlichen Aufgaben falsch.*

Negative Elternreaktion	Positive Elternaktion
„Das darf doch nicht wahr sein. Hast Du denn keine Augen im Kopf? Da stehen doch in jedem Rechenpäckchen jeweils zuerst drei Aufgaben mit Plus und dann drei mit Minus. Ich kann es nicht fassen.“	Lassen Sie Ihr Kind vor den Hausaufgaben die Pluszeichen mit gelbem Buntstift, die Minuszeichen mit einem roten Stift markieren. Klären Sie mit Ihrem Kind, was es bei dieser Hausaufgabe überhaupt zu tun hat. Ermuntern Sie Ihr Kind, sich nicht von Plus und Minus austricksen zu lassen.

Ihr Kind sollte sich, **bevor** es mit der Aufgabe beginnt, Klarheit darüber verschaffen:

- Was ist meine Aufgabe, was soll ich tun?
- Wie mache ich es am besten?

Beim Arbeiten muss es beachten:

- Genau hinschauen – nicht nachlässig werden.

Solche Spielregeln sollten sie Ihrem Kind nicht nur sagen. Geben Sie ihm einen **„Regelzettel“** mit den entsprechenden Aufforderungen:

- Was ist gefragt? – Schau genau hin!
- Löse die Aufgabe!

- Kontrolliere die Lösung!
- Korrigiere, wenn nötig!

***Hanna** hat als Hausaufgabe eine Nacherzählung über ihr schönstes Erlebnis in den Ferien zu schreiben. Sie beginnt, mit ihrer Mutter über den Urlaub zu plaudern.*

Negative Elternreaktion	Positive Elternreaktion
Sich auf das Ablenkungsmanöver einlassen und in Erinnerungen schwelgen.	„Erst die Hausaufgaben. Wenn du möchtest, können wir uns danach gemütlich über den Urlaub unterhalten."

Arbeit ist Arbeit – Freizeit ist Freizeit.

Lassen Sie sich während der Arbeitsphase nicht auf andere Gespräche oder Diskussionen ein. Aber stellen Sie Ihrem Kind in Aussicht, dass Sie nach den Hausaufgaben Zeit haben, über andere Dinge mit ihm zu sprechen.

*Endlich einmal hat **Sebastian** seine Hausaufgaben zügig und ohne Meckern erledigt.*

Negative Elternreaktion	Positive Elternreaktion
„Siehst du, es geht auch ohne Meckern. Ich hoffe doch, dass das in Zukunft immer so abläuft wie heute. Dein Trödeln und Meckern hätte ich gewiss keinen Tag länger ertragen können."	„Ich freue mich. Das hast du gut gemacht." Dazu ein freundliches Zwinkern, ein zärtliches Schulterklopfen oder in den Arm nehmen.

Lob ermuntert und motiviert. Ein Lob braucht nicht immer mit Worten ausgesprochen zu werden. Eine liebevolle Geste kann ausdrucksvoller sein als Reden. Machen Sie sich zum Grundsatz: Weniger reden – mehr handeln.

***Dominik** hat beim Abschreiben wieder einmal viele Fehler gemacht.*

Negative Elternreaktion	**Positive Elternreaktion**
„Nicht schon wieder. So blöd wie du kann ein Mensch allein gar nicht sein. Du schreibst das alles noch einmal sauber ab!“	„Hier hat sich zwölfmal der Fehlerteufel eingeschlichen. Sei ein guter Detektiv. Für jeden Fehler, den du allein findest, gibt es ein Gummibärchen.“ Überlegen Sie: „Irgendetwas kann da nicht stimmen. Er ist doch sonst ein cleveres Kerlchen. Ich werde mir einen Termin beim Deutschlehrer geben lassen und das mit ihm besprechen.“

Aus einem Ausspruch wie „Du bist doch blöd!“ kann Ihr Kind nichts lernen. Solche Beleidigungen greifen die Persönlichkeit an und schwächen sein Selbstwertgefühl. **Bitte beleidigen Sie Ihr Kind niemals persönlich.** Ihre Aufgabe ist es, Ihrem Kind Sicherheit und Selbstvertrauen zu geben. Nur dann fühlt es sich stark und hat den Kopf frei zum Lernen.

Seien Sie stolz auf alles, was Ihr Kind kann

Sollten Schule und Lernen auch immer wieder Frustrationserlebnisse produzieren – verzweifeln Sie nicht!

Schule ist nicht alles.

Suchen Sie das in Ihrem Kind, was auch als „Insel der Kompetenz“ bezeichnet wird. Bestimmt gibt es irgendetwas, das Ihr Kind besonders gut kann. Vielleicht kann es gut rennen. Vielleicht gut schwimmen. Vielleicht gut singen, gut basteln, oder gut malen. Vielleicht gut kochen. Oder vielleicht gut mit kleinen Kindern umgehen. Vielleicht kann es auch gut lesen, wenn die Zeitung verkehrt herum liegt.

Eigentlich ist es ganz gleich, was es ist. Wichtig ist nur, dass Sie diese „Insel der Kompetenz" finden. Ihr Kind muss wissen, dass Fähigkeiten in ihm stecken. Lassen Sie Ihr Kind spüren, dass Sie stolz auf es sind. Zeigen Sie ihm, dass Sie Achtung vor ihm haben. Stehen Sie ihm zur Seite.

Viele berühmte Leute hatten Probleme in der Schule. Thomas A. Edison zum Beispiel wurde schon nach ein paar Wochen aus der Schule geworfen. Albert Einstein ist sitzengeblieben – und auch John F. Kennedy, Nelson Rockefeller, Winston Churchill, Charles Darwin, Leonardo da Vinci, Walt Disney und viele mehr hatten Schulschwierigkeiten.

Geben Sie nicht auf!

Um im späteren Leben zu bestehen, braucht Ihr Kind vor allem eins: den **Glauben an sich selbst. Und den können Sie ihm vermitteln,** indem Sie Ihrem Kind immer wieder zeigen, dass Sie fest zu ihm stehen.

Fragen und Antworten zum Thema Hausaufgaben

Auf einige Punkte ist bisher nicht eingegangen worden. Vielleicht haben auch Sie noch unbeantwortete Fragen. Hier einige Antworten zu Themen, die immer wieder in unseren Praxen zur Sprache kommen:

Frage: Sollte mein Kind immer zum gleichen Zeitpunkt mit den Hausaufgaben beginnen?

Antwort: Nein, aber immer an der gleichen Stelle im Tagesablauf. Dadurch wird eine Automatisierung der Lernbereitschaft erreicht. Bei Max z. B. gibt es Mittagessen direkt nach der Schule. Es steht auf dem Tisch, wenn er nach Hause kommt. 20 Minuten nach dem Essen beginnt er mit den Hausaufgaben.

Frage: Ist es notwendig, dass Kinder nach der Schule eine Pause vor dem Lernen haben und wie lang sollte sie sein?

Antwort: Kinder sind individuell verschieden. Einige Kinder beginnen direkt nach der Schule mit den Hausaufgaben und sind nicht zu bremsen. Sie wollen es lieber schnell aus dem Kopf haben. Andere brauchen eine Ruhepause. Während der Grundschulzeit sollte die Pause nach dem Mittagessen ca. 20 Minuten betragen, dann bleibt nach den Hausaufgaben noch genügend Zeit, sich mit Freunden zu treffen. Es gibt aber auch Kinder, die nach der Schule völlig erschöpft sind und erstmal einen Mittagsschlaf brauchen. Einige Kinder arbeiten sogar am besten abends. Beobachten Sie Ihr Kind, stellen Sie seine besten Lernzeiten fest. Aber berücksichtigen Sie auch Ihren eigenen Zeitplan. Sie sollten für Fragen in der Nähe sein, wenn Ihr Kind Probleme mit dem Lernen hat. In der Regel hat es sich jedoch bewährt, erst die Hausaufgaben zu erledigen, um dann ohne Druck den Rest des Tages zur freien Verfügung zu haben.

Frage: Was braucht mein Kind, um an seinem Schreibtisch gut arbeiten zu können?

Antwort: Ein Kind, das unordentlich und vergesslich ist, braucht vor allen Dingen Struktur. Dinge, die zum Erledigen der Hausaufgaben nicht notwendig sind, haben in Reichweite Ihres Kindes (von seinem Schreibtischstuhl aus) nichts zu suchen. Die Dinge, die Ihr Kind zum Arbeiten braucht, sollen übersichtlich angeordnet und griffbereit liegen, dürfen aber nicht den Arbeitsraum einschränken. Arbeiten Sie mit Farben. Sie erhalten dadurch einen sofortigen Überblick und Farbe bringt Stimmung in triste Hefte oder Schulbücher.

Lassen Sie sich in puncto Stuhl, Schreibtisch, Helligkeit in einem Fachgeschäft beraten, oder lesen Sie dazu Testhefte.

Frage: Mein Kind hat keinen eigenen Schreibtisch. Wo können dann die Hausaufgaben am besten erledigt werden?

Antwort: Meist wird dann der Küchentisch gewählt. Der sollte jedoch vor dem Benutzen völlig abgeräumt werden. Machen Sie einen Karton hübsch zurecht, in den Sie alles, was Ihr Kind zum Arbeiten braucht, übersichtlich hineinstellen. Stellen Sie diesen Karton auf einen Stuhl rechts neben Ihr Kind (bei Linkshändern links neben das Kind). Sollte der Tisch groß genug sein, stellen Sie den Karton auf den Tisch.

Vermeiden Sie Ablenkung durch Lärmbelästigung. Ihre Küchenarbeit kann nach den Hausaufgaben immer noch erledigt werden.

Frage: Unser Kind behauptet, mit Musik besser Hausaufgaben machen zu können – kann das sein?

Antwort: Ja, es kann sein. Es gibt Kinder, die bei leisen Hintergrundgeräuschen besser aufpassen können. Das fördert bei eintönigen Aufgaben ihre Aufmerksamkeitsbereitschaft.

Fernsehen und laute Musik aber stören beim Lernen. Das lenkt zu sehr ab.

Frage: Sollte es immer die Mutter oder der Vater sein, die dem Kind beim Lernen zur Verfügung stehen?

Antwort: Im Idealfall steht Ihrem Kind eine dritte Person zur Verfügung, auf die Sie sich verlassen können. Das Eltern-Kind-Verhältnis wird so nicht durch Schulstress überlagert.

Meist bleibt die Betreuung der Hausaufgaben jedoch bei der Mutter.

Klassenarbeiten erfolgreich bewältigen

Der Plan für die Klassenarbeit

Ein Quiz-Kandidat, der die Fragen vorher kennt, hat es leicht, das Quiz zu gewinnen. Und wer vorher den Stoff kennt und lernt, der in einer Klassenarbeit verlangt wird, der hat es leicht, eine gute Note zu schreiben. So einfach ist das im Grunde. Die Frage ist nur: Wie eigne ich mir das nötige Wissen für die Klassenarbeit am besten an? In diesem Punkt sind Kinder total verschieden:

***Olivers** Opa ist Förster. Oliver liebt es, stundenlang mit ihm durch den Wald zu streifen und seinen Erklärungen über die verschiedenen Bäume zu lauschen. Als das Thema „Unser Wald“ im Unterricht behandelt wird, bereichert er den Unterricht nicht nur durch sein Wissen, sondern bringt Blätter, Rinde und selbstgemachte Fotos als Anschauungsmaterial mit. Oliver besitzt bereits das Wissen über den Stoff, der in der Klassenarbeit abgefragt wird. Er hat sich diesen Stoff mit allen seinen Sinnessystemen angeeignet. Oliver „lernt“ für diese Klassenarbeit nichts. Er erhält dennoch für seine Arbeit die Note „Sehr gut“.*

---

*Auch **Lara** bekommt für ihre Klassenarbeit die Note „Sehr gut“. Sie ist ein wissbegieriges, fleißiges Mädchen. Im Unterricht arbeitet sie aufmerksam mit, keine Äußerung der Lehrerin entgeht ihr. Bei Verständnisschwierigkeiten fragt sie sofort nach. Zu Hause erledigt sie ihre Hausaufgaben immer sorgfältig. Wenn sie noch mehr wissen möchte als im Unterricht besprochen wurde, sucht sie im Internet weitere Informationen. Lara „lernt“ für diese Klassenarbeit nichts.*

---

*Auch **Mia** hat die Note „Sehr gut“ unter ihrer Klassenarbeit stehen, obwohl sie im Unterricht weniger gut aufpasst als Lara. Sie schwätzt zu gern mit ihrer Nachbarin und ist leicht ablenkbar. Ihre Hausaufgaben erledigt sie jedoch immer – wenn auch nur mit starker Unterstützung ihrer Mutter – zur vollsten Zufriedenheit der Lehrerin. Um den Stoff für die Klassenarbeit im Kopf zu haben, musste Sabine im Gegensatz zu den anderen beiden richtig „lernen“. Dinge, die drei Wochen zurücklagen, hatte sie nämlich schon wieder vergessen.*

Gemeinsam mit ihrer Mutter erarbeitete sie sich noch mal den gesamten Stoff.

Die Art der Wissensaufnahme, wie sie bei Oliver und Andrea funktioniert, ist ideal. Leider ist sie eher selten zu finden. Meist geht ohne Üben nichts. Häufig klappt es nur mit fremder Hilfe. Was aber sind die Grundvoraussetzungen, um effektiv üben zu können?

***Eva** kommt enttäuscht, traurig und schuldbewusst von der Schule nach Hause. Heute hat sie eine Mathematikarbeit geschrieben. Geübt dafür hat sie aber nicht. Sie hatte nämlich völlig vergessen, dass eine Klassenarbeit geschrieben werden sollte.*

***Felix** ärgert sich fürchterlich, dass er bei der Sachkundearbeit nicht so viel gewusst hat. Dabei hatte er doch wirklich geübt, aber irgendwie wohl das Falsche. Der Lehrer wollte genau die Fragen beantwortet haben, von denen Felix absolut sicher war, dass diese uninteressanten Kleinigkeiten niemals abgefragt werden würden.*

***Luca** hat in der Mathematikarbeit die Hälfte der Aufgaben richtig beantwortet. Er konnte tatsächlich all die Aufgaben rechnen, die er am vorigen Nachmittag fleißig geübt hatte. Vielleicht hätte er lieber doch schon vorgestern mit dem Üben beginnen sollen. Dann hätte er nämlich alle Aufgaben geübt gehabt und sicherlich mindestens eine 2 geschrieben.*

Alle drei Kinder wären bestimmt erfolgreicher und zufriedener mit sich gewesen, wenn sie einen Klassenarbeitsplaner eingesetzt hätten:

Dieser **Klassenarbeitsplaner** wird an dem Tag ausgefüllt, an dem der Lehrer den Klassenarbeitstermin mitteilt, und er sieht folgendermaßen aus:

1) **Art der Klassenarbeit:** Mathematikarbeit
2) **Datum der Klassenarbeit:** Dienstag, 23. Februar
3) **Anzahl der Tage, die ich zum Lernen brauchen werde:** 6 Tage
4) **Was muss ich für diese Klassenarbeit wissen?**

Das kleine Einmaleins. Multiplizieren und Dividieren. Textaufgaben wie im Mathematikbuch auf Seite 73.

5) **Wie bzw. mit wem werde ich für diese Klassenarbeit lernen?** Ich werde das Einmaleins am Computer mit der Mathe-App lernen. Mama schreibt „Mal-“ und „Geteiltaufgaben“ raus, die ich beantworten muss. Papa übt mit mir Textaufgaben.

6) **Wann lerne ich was?**

Tag	Was lerne ich?	Uhrzeit
Mittwoch 17.2.	Malnehmen üben 1- 6er-Reihe	15.30 - 16.00
Donnerstag 18.2.	Malnehmen üben 7 - 10er-Reihe	15.00 - 15.30
Freitag 19.2.	Malnehmen üben 1 - 10er-Reihe	14.00 - 14.30
Samstag 20.2.	Dividieren üben 1 - 10er-Reihe	10.00 - 10.45
Sonntag 21.2. (nur bei Bedarf)	Textaufgaben üben Textaufgaben üben	10.00 - 10.45 15.00 - 15.30
Montag 22.2.	Gemischte Aufgaben und Beispielaufgaben als Abschluss durchsehen	15.00 - 16.00

Üben Sie mit Ihrem Kind möglichst nicht den gesamten Stoff auf einmal. Gehen Sie, wie in diesem Beispiel gezeigt, schrittweise vor, z. B: zuerst nur Multiplizieren, dann Dividieren, dann Textaufgaben und danach Mischaufgaben.

Erst wenn Ihr Kind eine „Lernportion“ beherrscht, hat es den Kopf wieder frei für die nächste „Lernportion“ und kann sich voll darauf konzentrieren. Gehen Sie deshalb nie zur nächsten Aufgabenart über, bevor Sie nicht sicher sind, dass die vorangegangene verstanden ist und „sitzt“.

Es hat sich bewährt, für jeden Aufgabenbereich eine Beispielaufgabe zu notieren. Diese Aufgaben werden am Tag vor der Klassenarbeit noch mal in Ruhe durchgesprochen, damit Ihr Kind sicher ist, dass es alles verstanden hat und beherrscht.

Bitte helfen Sie Ihrem Kind anfangs, seinen Klassenarbeitsplaner auszufüllen. Gehen Sie für jede Klassenarbeit nach dem gleichen Schema vor.

Es gibt Kinder, die sich mit der Zeiteinteilung, dem Einschätzen dessen, was abgefragt wird und der Einteilung des zu bearbeitenden Stoffes sehr schwer tun. Gerade für diese Kinder ist der Planer äußerst wichtig. Alle Kinder können das Ausfüllen des Planers lernen. Manche brauchen nur mehr Zeit dafür als andere. Haben Sie Geduld. Denn die Voraussetzung für selbständiges Lernen und Arbeiten beruht auf der Fähigkeit, sich und seine Arbeit selbst strukturieren zu können.

Wenn wir mit den Eltern den Klassenarbeitsplaner besprechen, gibt es meist nur einen Einwand: „Was hilft mir der ganze Plan, wenn ich den Termin für die Klassenarbeit erst gar nicht erfahre?"

Bei Kindern, die beim Aufschreiben von Klassenarbeitsterminen ins Hausaufgabenheft nicht gerade zuverlässig sind, hat sich bewährt:

- Den Klassenlehrer bitten zu kontrollieren, ob Ihr Kind Fach und Datum mit roter Schrift in seinem Hausaufgabenheft notiert hat.
- Die Mutter eines „zuverlässigen“ Kindes anrufen, wenn der Termin für die nächste Klassenarbeit anzustehen scheint.
- Das Notieren von Klassenarbeitsterminen ins Hausaufgabenheft belohnen.
- Im Punkteplan einen Bereich für Sonderpunkte und Sonderbelohnungen einrichten. Das Aufschreiben des Klassenarbeitstermins mit hoher Sonderpunktzahl bewerten.

Das klingt alles sehr aufwendig. Aber wenn Sie sich am Anfang die Mühe machen, mit Ihrem Kind systematisch und konsequent das Planen zu trainieren, dann werden Sie schon bald weniger Arbeit haben und außerdem reichlich belohnt werden – durch ein Kind, das leichter lernt, bessere Noten schreibt und entsprechend ausgeglichen und fröhlich ist.

Die Checkliste nach der Klassenarbeit

Schlechte Noten in Klassenarbeiten sind ein häufiger Grund dafür, dass der Haussegen schief hängt.

Martina *hat unter dem Deutsch-Diktat „Mangelhaft“ stehen. Als sie ihrem Vater nach dem Abendessen die Note beichtet, schimpft er zuerst ungeheuerlich. Dann muss sie sofort in ihr Zimmer. Während sie verschwindet, hört sie noch, wie ihr Vater ihre Mutter anbrüllt: „Und du, du hast dazu wohl gar nichts zu sagen. Warst ja in der Schule auch keine Leuchte. Da weiß man ja, von wem sie das hat. Ich gehe!“. Mit lautem Türenknallen verlässt er die Wohnung.*

Bevor wir als Eltern eine „Gardinenpredigt“ loslassen, sollten wir nach den Gründen für das Versagen fragen. Geben Sie Ihrem Kind die Chance, die folgende Liste auszufüllen, und besprechen Sie sie anschließend gemeinsam.

Wie war ich in dieser Klassenarbeit im Vergleich zu meinen Mitschülern?

- ☐ besser
- ☐ nicht besser und nicht schlechter
- ☐ hätte besser sein können

Welche Fehler habe ich gemacht?

- ☐ Habe nicht intensiv genug gelernt.
- ☐ Habe viele „Schusselfehler“ gemacht.
- ☐ Hatte nicht genügend Zeit (restliche Aufgaben fehlen).

Andere Gründe:

____

____

Was kann ich in der nächsten Klassenarbeit besser machen?

____

____

Bleiben Sie bei der anschließenden Besprechung mit Ihrem Kind möglichst gelassen. Denn an der schlechten Note können Sie ohnehin nichts mehr ändern. Versuchen Sie in Ruhe, gemeinsam die Ursachen für die schlechte Note herauszufinden. Damit das klappt, muss Ihr Kind bereit sein mitzuarbeiten. Es wird aber nur dann konstruktiv mitarbeiten, wenn es nicht das Gefühl hat, sich ständig gegen Ihre Vorwürfe verteidigen zu müssen. Machen Sie Ihrem Kind von Anfang an klar, dass diese Suche nach den Ursachen keine Suche nach dem Schuldigen ist, sondern dass Sie die Ursachen kennen müssen, um gemeinsam mit ihm Lösungen zu finden.

Gehen Sie die Klassenarbeit Zeile für Zeile mit Ihrem Kind durch.

Es könnte zum Beispiel sein, dass:

- Aufgaben nur oberflächlich durchgelesen wurden und die Antworten nicht zu den Fragen passen (Aufmerksamkeitsschwäche?), am Ende der Arbeit verstärkt Fehler auftraten (Konzentrationsprobleme?)
- Aufgaben falsch gerechnet wurden, weil Zahlen nicht korrekt untereinander standen (Unordnung?)
- Aufgaben falsch vom Blatt abgeschrieben wurden (Ängste, Konzentrationsmangel?)
- das Klassenarbeitsblatt gewellt und verschmiert ist (feuchte Hände, Stress, Angst?)
- die Schrift krakeliger ist als gewöhnlich (Prüfungsängste?)
- Zahlendreher vorkommen (Wahrnehmungsschwäche?)
- „+“ statt „-“ gerechnet wurde (Konzentrationsprobleme?)

Notieren Sie alle Auffälligkeiten. Machen Sie eine konkrete Liste. Für Martina ergab sich beim Diktat z. B. folgende Liste:

- Alle schwierigen Lernwörter waren richtig geschrieben. Geläufige Wörter wie „kann“ oder „dann“ hatte sie nur mit einem „n“ geschrieben.
- Sie hatte „dem“ und „den“, „seinem“ und „seinen“ verwechselt.
- Aus „ie“ hatte sie „ei“ gemacht – und umgekehrt.
- Die Fehler waren gegen Ende des Diktats nicht häufiger geworden.

Beobachten Sie Ihr Kind auch beim Erledigen der Hausaufgaben. Führen Sie ein kleines Tagebuch.

Bei Martina sieht ein Ausschnitt aus dem Tagebuch so aus:

Montag, 13. März

- **Lesen:** Martina liest stockend. Sie verschluckt Vorsilben und Endsilben. Sie liest „dabe" statt „bade", vertauscht „d" und „b". Schwierigkeiten mit dem Textverständnis.
- **Schreiben:** Abschreiben sehr mühselig. Abschreiben des Textes auf Seite 14 dauert 40 Minuten. Bei jedem Buchstaben blickt sie wieder in das Buch.
- **Mathematik:** Bis auf die Textaufgabe selbstständig flott alles erledigt.
- **Sachkunde:** Blätter sammeln und abmalen. Erledigt sie mit Begeisterung.

Gehen Sie mit Ihrer Auffälligkeitsliste in die Sprechstunde des Fachlehrers. Fragen Sie ihn nach seinem Rat.

Ihre Liste hilft dem Fachmann, sich ein Bild zu machen und Sie entsprechend gut zu beraten.

Holen Sie sich unter Umständen auch das Urteil des Schulpsychologen ein. Setzen Sie seine Verbesserungsvorschläge in die Tat um.

Wenn das alles nicht hilft, sollten Sie sich vergewissern, dass Ihr Kind keine „besonderen" Probleme beim Lernen hat. Mehr darüber im nächsten Kapitel.

Der Plan für den Monat

Auch wenn Sie jetzt stöhnen mögen: „Nicht noch einen Plan", lassen Sie sich versichern, dass Ihnen all diese Pläne im täglichen Leben Erleichterung verschaffen werden und – wenn sie einmal erstellt sind – keine Mehrarbeit bedeuten, sondern auf Dauer weniger Arbeit machen.

Je älter Ihr Kind ist, umso wichtiger ist der Plan für den Monat. Anstatt sich auf sein Gedächtnis verlassen zu müssen, kann Ihr Kind **sehen,** was in diesem Monat ansteht. Wichtige Daten werden eingetragen und können so nicht in Vergessenheit geraten.

Legen Sie zusammen mit Ihrem Kind einen Plan in einer Größe von mindestens 50 x 30 Zentimetern an und hängen Sie ihn gut sichtbar auf.

Hier ein Beispielkalender:

FEBRUAR

TAG:	SCHULE:	SONSTIGES:	TAG:	SCHULE:	SONSTIGES:
MO,1.			MO,15.		
DI,2.	Reli-Test		DI,16.		Felix Geb.
MI,3.			MI,17.	lernen	
DO,4.		16.30 Sport	DO,18.	"	16.30 Sport
FR,5.			FR,19.	"	
SA,6.			SA,20.	"	
SO,7.		zu Oma	SO,21.	"	
MO,8.			MO,22.	"	
DI,9.	Mathe fällt aus!		DI,23.	Mathe-Arbeit!	
MI,10.			MI,24.		
DO,11.		16.30 Sport	DO,25.		16.30 Sport
FR,12.		Zoo	FR,26.		
SA,13.			SA,27.		
SO,14.			SO,28.		

Kapitel 7: Das Wichtigste in Kürze

- Mit dem Erstellen eines Hausaufgabenkonzeptes bringen Sie Struktur in die Lern- und Arbeitsweise. So schützen Sie Ihr Kind vor Ordnungs- und Zeitmanagementproblemen.
- Gehen Sie mit Fehlern, die Ihr Kind gemacht hat, positiv um und motivieren Sie es, die Fehler künftig von vornherein zu vermeiden.
- Mit einem Klassenarbeitsplan legen Sie den Grundstein für messbare Erfolge Ihres Kindes in der Schule.

8

Spezielle Lernschwächen und Lernstörungen

In diesem Kapitel erfahren Sie ...

- welche besonderen Formen von Lernschwierigkeiten es gibt
- was Sie tun können, wenn Sie bei Ihrem Kind besondere Lernprobleme feststellen

Es gibt Kinder, bei denen die bisher von uns beschriebenen Hilfestellungen nicht ausreichen. Wenn sich Aufmerksamkeitsprobleme, Verhaltensauffälligkeiten und Lernschwierigkeiten zwar gebessert haben, Ihr Kind aber immer noch Schwierigkeiten beim Lernen hat, dann sollten Sie noch mals die besonderen Stärken und Schwächen Ihres Kindes beobachten, auflisten und sie mit dem Lehrer diskutieren. Falls dann noch Fragen offen sind, sollte ein Spezialist gezielt Untersuchungen und Entwicklungstests durchführen. Es könnte eine spezielle **„Lernstörung“** vorliegen.

Durch solche ausführlichen Analysen können wir bei den meisten Kindern eine geistige Lernbehinderung ausschließen und ebenso eine Erkrankung des Gehirns oder der Sinnesorgane. Die meisten Kinder überraschen uns sogar mit erstaunlichen Fähigkeiten: Sie sind clever, phantasievoll und empfindsam. Sie haben „nur“ ein spezielles Entwicklungsproblem, das aber riesige Schwierigkeiten bereiten kann.

Solche Kinder haben weniger Lernerfolge als ihre Mitschüler, meist ein geringes Selbstbewusstsein und oft viel Frust. Sie sind nicht absichtlich schwierige Kinder, die bewusst ihre Lehrer und Eltern ärgern wollen. Ihr Problem nimmt allerdings oft so viel Raum ein, dass sie selbst denken, sie seien dumm und könnten nichts.

Den Eltern geht es oft nicht anders. Sie sind enttäuscht und manchmal verzweifelt. Sie machen sich viele Gedanken und haben in der Regel schon alle möglichen Tipps angewandt. Hilflosigkeit, Ärger und Selbstvorwürfe sind dann an der Tagesordnung.

Diese Probleme können nicht mit Erziehungsfehlern oder mangelndem Üben zu Hause erklärt werden. Im Gegenteil: Eltern von „gehandicapten“ Kindern sind meist besonders engagiert.

Oft bringt schon allein das Analysieren der Leistungsmöglichkeiten und des Verhaltens eine Entlastung. Kinder und Eltern wissen dann, auf welche besonderen Stärken sie bauen können und wie sie – in Zusammenarbeit mit Fachleuten – eine individuelle Förderung und Unterstützung aufbauen können.

Was gibt es nun für besondere Entwicklungsprobleme?

Ungefiltert sehen, hören, fühlen – was ist eine Wahrnehmungsstörung?

Bei vielen Kindern mit Lernproblemen tauchen die Begriffe „Wahrnehmungsstörung“ oder „Sensorische Integrationsstörung“ auf.

Was ist damit gemeint?

Im 2. Kapitel haben wir über Wahrnehmungsverarbeitung als Grundlage für Entwicklung und Verhalten gesprochen. Jeder über unsere Sinnessysteme aufgenommene Eindruck ist eine Wahrnehmung, die das Gehirn verarbeiten muss.

Genau genommen hat jedes Kind mit einem Entwicklungsproblem in irgendeinem Bereich eine mangelnde Verarbeitung der Sinneseindrücke und somit eine **„Wahrnehmungsstörung“.**

Bei unseren Untersuchungen und Tests bekommen wir ein gutes Bild über die individuelle Informationsverarbeitung und das Zusammenspiel der Sinnessysteme. Lernt das Kind besser über den Körper- und Bewegungssinn, über den Gleichgewichtssinn, über die Hörwahrnehmung oder über die Seheindrücke? Gibt es in diesem Zusammenspiel Defizite?

Erst, wenn diese Fragen geklärt sind, können entwicklungsauffällige Kinder individuell – abgestimmt auf ihre persönlichen Bedürfnisse – gezielt unterstützt werden.

Unsere Erfahrungen mit „wahrnehmungsgestörten“ Kindern bringen uns zunächst immer wieder auf die wichtige Funktion des „Ordnungszentrums“ zurück. Jedes Kind hat es beim Lernen leichter, wenn es konzentriert ist und Reize filtern kann, ehe es sie weiter verarbeitet und speichert. Für die Förderung gehandicapter Kinder ist es besonders wichtig, die Aufmerksamkeitsfähigkeit zu trainieren. Die Anleitungen in diesem Buch helfen Ihnen dabei und sollten begleitend zu einer eventuell notwendigen Therapie angewandt werden.

Hyperaktiv oder verträumt?
A•D•S – das Aufmerksamkeits•Defizit•Syndrom

Erinnern Sie sich noch an Fabian aus dem ersten Kapitel? Die Eltern sind sehr um ihn bemüht. Trotz vieler Hilfen bei der Organisation seines Schulalltags gab es immer wieder Ärger. Sein Hausaufgabenheft führt er mittlerweile gut und vergisst ganz selten, seine Hausaufgaben zu machen. Aber in seiner Klasse wird er – einmal in die Rolle des schwarzen Schafes gerutscht – für jeden Blödsinn verantwortlich gemacht. Auch, wenn er es gar nicht war. Er kann sich nicht konzentrieren und nicht stillsitzen.

Jannik *besucht die zweite Grundschulklasse. Seit der Einschulung machen sich die Eltern immer größere Sorgen um ihn. Trotz Hilfestellungen von Eltern und Lehrerin kann Jannik immer nur ein paar Minuten lang aufpassen. Obwohl alle sich Mühe geben, erledigt er nur einen Teil der Aufgaben. Entweder zappelt er auf seinem Stuhl hin und her, oder er träumt vor sich hin. Wenn er etwas zum Unterricht beitragen möchte, ruft er einfach in die Klasse. Er kann einfach nicht abwarten.*

Die Lehrerin wird mit Jannik immer ungeduldiger, weil er in den Pausen fast in jeden Streit verwickelt ist. Er lässt sich schnell provozieren, reagiert impulsiv, manchmal auch aggressiv.

Jannik hat keinen richtigen Freund. Zu Hause ist es ähnlich anstrengend. Es fällt ihm schwer, Regeln einzuhalten. Meist hört er nicht hin und vergisst alles, was für ihn nicht besonders spannend ist. Seine Eltern sind der Verzweiflung nahe.

Max kennen Sie mittlerweile recht gut. Er hat ähnliche Probleme wie Fabian und Jannik. Mit unserer neurologischen und psychologischen Untersuchung haben wir ein „Aufmerksamkeitsdefizitsyndrom" festgestellt (ADS).

Diese Aufmerksamkeitsstörung ist gar nicht so selten: ca. 8-10% aller Kinder leiden darunter. Statistisch gesehen sind also zwei Kinder einer normalen Schulklasse betroffen.

ADS-Kinder zappeln nicht mit Absicht herum. Eigentlich möchten sie sich auch gar nicht auffällig verhalten oder vor sich hin träumen. Sie haben eine Störung in ihrem Aufmerksamkeitszentrum. Am liebsten würden sie genauso „funktionieren" wie ihre erfolgreicheren Klassenkameraden.

Grund der Störung ist eine mangelnde Filterung eintreffender Reize im Steuerungszentrum. Die betroffenen Kinder nehmen viele Reizeindrücke auf einmal wahr und bekommen dadurch einen „Datensalat", so dass sie Informationen nicht einordnen und wiederfinden können. Sie wirken sehr vergesslich, unkonzentriert, impulsiv und oft auch sehr unruhig. Einige Kinder mit ADS (oft sind es Mädchen) haben keinen übertriebenen Bewegungsdrang, sind eher verträumt und bekommen dadurch viele Informationen nicht mit. Durch ihre „inneren Bilder" sind sie abgelenkt, schaffen es nicht, ihr Aufmerksamkeitszentrum gezielt einzuschalten, und verlieren sich in ihrer Gedankenwelt.

Aus wissenschaftlichen Untersuchungen wissen wir, dass der Störung ein Ungleichgewicht der Überträgerstoffe an den Nervenenden zugrunde liegt – eine „Neurotransmitter"-Störung, die intensivere therapeutische Hilfen nötig macht.

Um diese Kinder vor einer „inneren Reizüberflutung" und einem Durcheinander ihrer Sinneseindrücke zu schützen, sind die in diesem Buch beschriebenen Strukturierungsmaßnahmen besonders wichtig. So lernen die Kinder, sich und ihre Umwelt besser zu sortieren und ihre Stärken und Schwächen einzuordnen. Das ist nicht immer so einfach. Oft ist ein spezielles, zusätzliches Training für Kind und Eltern sehr hilfreich.

***Max** hat im Laufe eines Jahres gelernt, seine Aufmerksamkeits-Schwäche zu kompensieren. Seine besonderen Stärken und Begabungen sind jetzt für alle deutlich sichtbar. Seine Eltern und er haben bei der Gestaltung des „Tages- und Lernmanagements" begeistert mitgemacht. Sie hatten immer wieder neue und gute Ideen. Zusätzlich hat Max an einem speziellen Trainingsprogramm für ADS-Kinder teilgenommen. Max erledigt jetzt seine Hausaufgaben in angemessener Zeit. Er hat viel mehr Freiraum, sich auf dem Fußballplatz auszutoben. In der Klasse muss er auch nicht mehr ständig den Kasper spielen, um Aufmerksamkeit zu bekommen. Es gibt längst nicht mehr so viel Ärger.*

Bei einigen Kindern mit ADS gibt es trotz Trainings- und Therapiemaßnahmen immer wieder Schwierigkeiten. Um weiteren Frustrationen und Problemen in der Persönlichkeitsentwicklung vorzubeugen, sind dann Medikamente als zusätzliche Unterstützung unumgänglich. Sie gleichen die angeborene Störung im Neurotransmitter-Stoffwechsel gut aus.

Melissa *(6 Jahre) wurde uns vor der Einschulung vorgestellt. Sie ist an allem interessiert. Sie spielt sehr phantasievoll und erfindet schon selbst kleine Geschichten. Sie ist sprachlich sehr gewandt und hat den Drang, immer und zu allem etwas zu sagen. Es kommt kaum jemand anderes zu Wort. Das führt im Kindergarten und zu Hause zu Problemen. Melissa will über alles bestimmen und kann Anweisungen ihrer Mutter oder der Kindergärtnerin nicht befolgen. Da sie immer dominieren will, findet sie keine Freundin und ist darüber ganz traurig.*

Durch ihre Zappeligkeit geht sie vielen auf die Nerven. Je mehr Melissa erlebt, umso unruhiger und „chaotischer" reagiert sie. So werden z. B. Kindergeburtstage für die Eltern zum Alptraum.

Melissa ist schnell durcheinander, weil sie alles auf einmal wahrnimmt und auch alles gleichzeitig machen möchte. Sie lässt sich zum Beispiel beim Malen keine Zeit, wird ganz hektisch und bringt alle Dinge, die ihr gerade einfallen, schnell zu Papier. Das Bild ist sehr phantasievoll und ausdrucksstark – nur etwas durcheinander.

Wir haben mit Melissa und ihren Eltern einen Plan entworfen, wie sie abwarten lernen und überlegter reagieren kann. Dafür muss sie zu Hause lernen, Regeln zu akzeptieren. Der Tagesablauf dient als „Orientierungsgerüst" mit immer wieder gleichen Abläufen (Aufstehen, Anziehen, Zähneputzen, Essen).

Hält sie sich an die Spielregeln, wird sie belohnt. Nach mehreren Wochen konsequenter Übung kann sie sich besser am Gespräch beteiligen und auch mal abwarten. Sie lernt, überlegter und ruhiger zu erzählen und akzeptiert zwischendurch auch mal einen Spielvorschlag ihrer Schwester.

In Gruppen von mehr als drei Kindern findet sie sich allerdings nach wie vor schwer zurecht. Sie dominiert, fühlt sich aber gleichzeitig immer ungerecht behandelt. Ihre Konzentrationsfähigkeit hält meist nur ein paar Minuten lang an.

Neben den beschriebenen „Trainingsmaßnahmen" haben wir eine medikamentöse Therapie begonnen. Jetzt fällt Melissas Aufmerksamkeitsschwäche kaum noch auf. Sie kann alle Aktivitäten mitmachen, provoziert keinen Ärger mehr und freut sich auf die Schule, wo sie endlich lesen lernt.

(Mehr über ADS finden Sie in unserem *„A•D•S-Buch – neue Konzentrationshilfen für Zappelphilippe und Träumer", erschienen bei Oberstebrink.)*

Schriepen ist schwer! – Was ist eine Lese-Rechtschreib-Schwäche (LRS)?

Erinnern Sie sich noch an ***Adriana*** *aus dem 1. Kapitel? Sie stopft sich mit Süßigkeiten voll – aus Frust über ihre ständigen Fünfer im Diktat. Dadurch, dass sie die Rechtschreibung auch mit viel Üben nicht in den Kopf bekommt, dass auch das Lesen noch sehr schleppend und mühsam ist, scheitert sie meist zusätzlich in Mathe wegen der Textaufgaben. Es ist zum Heulen!*

Melanie *kennen Sie aus dem 5. Kapitel. Sie leidet schon in der 1. Klasse an ihren Misserfolgen im Schreiben. Sie kann sich die Wörter nicht merken und erinnert sich an manche Buchstaben gar nicht mehr. Sie verdreht Silben und braucht unglaublich viel Zeit beim Schreiben.*

Kevin *besucht die 2. Klasse. Er geht seit einigen Wochen nicht mehr so gern in die Schule. Er beteiligt sich sehr lebhaft am Unterricht, hat aber große Probleme, fehlerfrei zu schreiben. Mittlerweile wird er beim Vorlesen öfter ausge-*

lacht, weil er ins Stottern kommt. Er hat morgens Angst vor der Schule.

Die Lehrerin ist, bis auf das noch sehr stockende Lesen, zufrieden mit ihm. Bei geübten Diktaten macht er nur wenige Fehler.

Allerdings muss er diese Diktate zu Hause zehnmal so häufig üben wie sein Freund Sven. Wenn er Wörter noch nicht auswendig schreiben kann, macht er sehr viele Fehler.

In der Regel verwechselt er ähnlich klingende Laute, wie K und G. Meist vergisst er einzelne Silben – besonders die Endungen – oder verdreht die Reihenfolge von Buchstaben. Langsilbige Wörter kann man bei ihm deshalb nur schwer entziffern.

Dies ist ein Bild von ***Jason:*** *Er malt ein schönes buntes Haus und möchte eine Geschichte dazu aufschreiben. Er kann alle Buchstaben in Druckschrift schreiben, nur die Zusammensetzung der Wörter wird zum Problem. Den Anfang des Textes liest er so vor: „Paula komm, wir wollen spielen.“ Schade – es ist leider nicht zu entziffern.*

***Markus,** mittlerweile in der 4. Klasse, wäre froh, wenn er endlich zaubern könnte und nicht ständig Diktat üben müsste. Trotz vieler Nachhilfestunden und wiederholtem Abschreiben der fehlerhaften Wörter im Diktat wird seine Note in Deutsch nicht besser. Er kann tolle Aufsätze schreiben. Leider werden diese wegen der Rechtschreibfehler auch nur mit einer schwachen Vier bewertet. Es ist zum Weglaufen.*

Adriana, Melanie, Kevin, Justin und Markus sind altersgemäß entwickelt und verfügen über eine normale Intelligenz. Sie gehören zu den Kindern mit einer sogenannten „umschriebenen Teilleistungsschwäche beim Erlernen des Lesens und Schreibens". Diese Lernschwäche nennt man auch **„Lese-Rechtschreib-Schwäche" oder „Legasthenie".**

Für solche Kinder ist es sehr schwierig, die Lautsprache in Schriftsprache umzusetzen. Etwa zehn Prozent aller Schüler haben Schwierigkeiten, das Lesen und Schreiben schnell zu lernen – bei ansonsten guten Leistungen in den anderen Fächern. Für die betroffenen Kinder ist es wichtig, dass das Teilleistungsproblem möglichst schnell erkannt wird. Nur so sind Folgestörungen, wie Schulunlust, schwaches Selbstbewusstsein und psychosomatische Beschwerden, zu vermeiden.

Bei genauem Hinsehen fällt den Eltern meist schon am Ende der ersten Klasse auf, dass ihr Kind besonders viel Mühe hat, richtig und lautgetreu zu schreiben. Das Lesen wird meist vermieden. Die Kinder lernen den Text aus dem Lesebuch schnell auswendig. Bei neuen mehrsilbigen Wörtern ist das Zusammenziehen der Silben sehr holprig. Sie sind noch so mit dem Erlesen einzelner Wörter beschäftigt, dass sie Mühe haben, einen ganzen Satz zu verstehen und den Sinn zu behalten. Sie schmökern nie in einem Buch mit viel Text.

An einem Beispiel aus unserer Praxis erkennen Sie, wie man eine Lese-Rechtschreib-Schwäche (LRS) bei Kindern feststellen kann. Kinder mit dieser Schwäche sind nicht weniger intelligent als ihre Mitschüler. Sie kennen alle Begriffe und deren Bedeutung und sie kennen auch alle Buchstaben. Allerdings können sie – aufgrund ihrer Wahrnehmungsstörung – die einzelnen Buchstaben nicht richtig ordnen und verknüpfen.

Wörterliste

1. gleich
2. Suppe
3. bleibt
4. braucht
5. seinem
6. Wäsche
7. gestochen
8. Mücke
9. schwimmen
10. wärmer
11. Kalb

12. streiche
13. fliegt
14. steigen
15. trägt
16. dicker
17. stopfen
18. behandelt
19. bücken
20. feucht
21. Wälder
22. zwischen

23. springt
24. Kartoffeln
25. spucken
26. Strumpf
27. Stricknadel
28. erkannt
29. kälter
30. schluckt
31. beginnt
32. klirrt

Klaeich, Supe,
blaeit,
braucht,
Xseinem,
Wäsche,
gh Schtochen,
Müke,
Schwiemen,
Wera,
Kalp.
Schtraeische,
Fliegt.
Scheigt,
trägt,
Deger,
Schopfen,
Behandelt,
Bügen,
Feucht,
Wälder,
Zchen,
Schringt,

Kartaeln,
Schpugen,
Schtrunf,
Schtrignadel,
Ergand,
Kelter,
Schlugt,
Begind,
Klirt!

Alle Kinder mit solch einer „Lese-Rechtschreib-Schwäche“ sind in sämtlichen anderen Bereichen **normal entwickelt.** Dies zeigt u. a. der Intelligenztest. Die Kinder sind clever und können gut logisch denken. Nur im Rechtschreibtest erreichen sie im Vergleich zu ihren gleichaltrigen Mitschülern weniger als 15 Prozent der möglichen Punkte. Das heißt, mehr als 85% der Klassenkameraden haben bessere Rechtschreibleistungen.

Das Problem liegt in der Verarbeitung von aufgenommenen Informationen (siehe Kapitel 2). Viele „Legastheniker“ haben eine Störung in der Hörverarbeitung. Sie nehmen z. B. den Laut „o“ als „u“ wahr oder „g“ als „k“ und schreiben ihn so hin. Unglücklicherweise ist häufig darüber hinaus die Merkfähigkeit für Reihenfolgen nicht gut ausgeprägt, so dass sie Wortbilder in ihrem fotografischen Gedächtnis schlecht abspeichern können. Dies ist ein weiteres „Handicap“ auf dem Weg zur richtigen Rechtschreibung. Es wird dann z. B. aus dem Wort „Mus“ der Begriff „Nuss“. Markus las früher z. B. „ni“ statt „in“; oder „Musa“ statt „Maus“.

Kinder mit dieser Teilleistungsstörung brauchen gezielte Hilfen, um Kompensationsstrategien zu erlernen, mit denen sie ihre Schwäche ausgleichen können.

Das Beherrschen der Rechtschreibung wird auch durch spezielle Förderung nicht zu einer ihrer herausragenden Stärken. Die Kinder lernen aber, mit ihrer Schwäche umzugehen und Hilfsstrategien anzuwenden. Dazu sind aber besonders gute Aufmerksamkeitsleistungen nötig. Die Kinder brauchen eine gute Arbeitsstrukturierung, um besser zuhören und zuschauen zu können. Sie profitieren von festen Arbeitszeiten und Regelmäßigkeit beim Lernen (Kapitel 5).

Bei der Förderung vergisst man allerdings manchmal das Allerwichtigste: Den Ausgleich zum konzentrierten Lernen – das Unterstützen der Lernmotivation durch andere Aktivitäten, die Spaß machen, und bei denen die Kinder schnell Erfolgserlebnisse haben.

Denken Sie immer daran:

Ohne Erfolgserlebnisse keine Erfolgsergebnisse.

9 + 5 = 16? Was ist eine umschriebene Rechenstörung (Dyskalkulie)?

Wenn ein Kind im Musik- oder Sportunterricht keine guten Leistungen zeigt, ist das für die meisten Eltern kein Grund zur Beunruhigung. Anders dagegen sind die Reaktionen auf schlechte Noten in „Deutsch“ oder „Mathematik“.

Sowohl das Kind als auch die Eltern sind enttäuscht. Sie machen sich Sorgen um die weitere Schulkarriere und die Zukunft ihres Kindes.

***Dennis** und **Ines,** die Sie im ersten Kapitel kennengelernt haben, sitzen häufig besonders lange an ihren Rechenaufgaben. Für Ines fingen die Schwierigkeiten schon in der 1. Klasse an, als die Aufgaben den 10er-Raum überschritten. Sie konnte nicht mehr schnell genug mit den Fingern rechnen. Auch jetzt, in der 3. Klasse, sind ihr Zahlenverständnis und ihre Mengenvorstellung eine Katastrophe. In Mathe muss sie sich alles noch mühsam erarbeiten. Sie braucht viel Anschauungsmaterial, sonst versteht sie die Aufgaben erst gar nicht.*

Ähnlich wie bei der Lese-Rechtschreib-Schwäche gibt es Schulkinder, denen – bei sonst gutem Leistungsvermögen – das Rechnen sehr schwer fällt. Diese isolierte Lernstörung nennt man auch **Dyskalkulie.**

Den betroffenen Kindern fehlt eine Zahlen- und Mengenvorstellung. Sie haben einen schlechten räumlichen Orientierungssinn und brauchen z. B. beim Überschreiten des Zehners, wenn die Finger nicht mehr ausreichen, konkrete Anschauungshilfen, wie den „Zahlenstrahl“ oder auf einer Kette aufgereihte Perlen.

Obwohl ca. 1-4% aller Schulkinder davon betroffen sind, wird diese umschriebene Teilleistungsstörung in der Regel übersehen oder mangels Wissen ignoriert. Diese Kinder werden oft als minderbegabt eingestuft. Es scheint so, als ob mathematische Leistungen allen anderen Fächern voran als das Kriterium für allgemeine Intelligenz angesehen und Kinder mit diesem isolierten Lernproblem schlicht für dumm erklärt würden. Ihre allgemeinen guten Denkfähigkeiten werden dabei oft übersehen.

Neben der therapeutischen Unterstützung muss den Kindern deshalb immer von Neuem bestätigt werden, dass sie nicht dumm sind, sondern nur ein isoliertes Problem haben. Sie brauchen eine gute Selbsteinschätzung, um nicht durch Frustrationen in der Schule generell die Lernmotivation zu verlieren.

Kapitel 8: Das Wichtigste in Kürze

- Spezielle Lernstörungen, wie z. B. die Lese-Rechtschreib-Schwäche, sind kein Anzeichen für mangelnde Intelligenz, sondern für eine Teilleistungsstörung.
- Kinder mit solchen Schwächen sind meist in anderen Bereichen sehr gut entwickelt und haben Fähigkeiten, die Sie als Eltern fördern und entwickeln können.
- Gemeinsam mit Fachleuten können Sie Ihrem Kind helfen, seine Schwäche zu akzeptieren und damit umzugehen. So können Sie das Selbstvertrauen Ihres Kindes für die anderen Entwicklungsbereiche stärken.

Schlusswort

Auch das Lernen kann man lernen – das gilt nicht nur für unsere Kinder, sondern genauso für uns Eltern. Wenn wir Eltern lernen, bei unseren Kindern nicht immer die Fehler und Schwächen zu suchen, sondern ihre Stärken und Talente zu erkennen und anzuerkennen, dann haben wir das Wichtigste gelernt, was Eltern lernen können – nämlich, unseren Kindern Selbstvertrauen und Selbstbewusstsein mit auf den Weg zu geben. Auf dieser Basis können wir mit unseren Kindern gemeinsam alle Schwierigkeiten aus dem Weg räumen und alle Ziele erreichen.

Natürlich geht das nicht immer von heute auf morgen. Haben Sie Geduld mit Ihrem Kind und lassen Sie sich auch von Rückschlägen nicht entmutigen. Lassen Sie Ihr Kind täglich spüren, dass Sie auf seiner Seite sind – und wie stolz sie auf alles sind, was es schon kann.

Das sind die Erfolgserlebnisse, die Ihr Kind braucht, um beim Lernen Erfolgsergebnisse zu erzielen.

Wir wünschen Ihnen und Ihren Kindern viel Spaß beim „Lernen lernen“ und viel Erfolg beim Lernen.

Elisabeth Aust-Claus und Petra-Marina Hammer

VON KINDERÄRZTEN UND ELTERN EMPFOHLEN

Die Bücher von Oberstebrink sind leicht verständlich und unterhaltsam geschrieben. Alle Autoren sind erfahrene Experten für das Thema ihres Buches. Deshalb werden die Bücher laufend von Kinder- und Jugendärzten, Hebammen, ErzieherInnen, LehrerInnen und FamilientherapeutInnen eingesetzt und empfohlen.

Kochen und Backen mit Kindern

Manon Sander
Hardcover, 288 Seiten
4-fbg. Abb. und Illustrationen
19,95€ [D], 20,50€ [A]
ISBN 978-3-934333-48-2

Typisch Jungen!

Alles, was Mädchen über Jungen wissen wollen

Trude Ausfelder
Broschur, 176 Seiten
4-fbg. Abb. und Illustrationen
12,–€ [D], 12,40€ [A]
ISBN 978-3-934333-47-5

Pubertät

Eltern-Verantwortung und Eltern-Glück

Gabriele Haug-Schnabel
Nikolas Schnabel
Hardcover, 224 Seiten
4fbg. Fotos und Abb.
14,95€ [D], 15,20€ [A]
ISBN 978-3-934333-35-2

Typisch Mädchen!

Alles, was Jungen über Mädchen wissen wollen

Trude Ausfelder
Broschur, 192 Seiten
4-fbg. Abb. und Illustrationen
12,–€ [D], 12,40€ [A]
ISBN 978-3-934333-46-8

Das neue Ein- und Durchschlaf-Buch

Die 6 besten Einschlafprogramme für Kinder

Weidemann-Böker
Hardcover, 288 Seiten
4-fbg. Fotos und Abb.
22,80€ [D], 23,50€ [A]
ISBN 978-3-934333-33-8

Alles, was Mädchen wissen wollen

Trude Ausfelder
Klappenbroschur,
256 Seiten
4-fbg. Fotos und Abb.
16,95€ [D], 17,40€ [A]
ISBN 978-3-934333-50-5

Wie Sie Ihr Schreibaby verstehen und beruhigen

Dr. rer. nat. Joachim Bensel
Hardcover, 191 Seiten
4-fbg. Fotos und Abb.
14,95€ [D], 15,20€ [A]
ISBN 978-3-934333-40-6

Alles, was Jungen wissen wollen

Trude Ausfelder
Klappenbroschur,
256 Seiten
4-fbg. Fotos und Abb.
16,95€ [D], 17,40€ [A]
ISBN 978-3-934333-49-9

Mehr unter www.oberstebrink.de

Bilderverzeichnis

S. 9 photophonie/fotolia.com, S. 14 S.Kobold/fotolia.com, S. 30 Claudia Paulussen/fotolia.com, S. 33, 64 JackF/fotolia.com, S. 35 sakkmesterke/fotolia.com, S. 39 Shpilberg Studios/fotolia.com, S. 42 BillionPhotos.com/fotolia.com, S. 46, 79 Mikkel Bigandt/fotolia.com, S. 51 Dron/fotolia.com, S. 54 Anne Katrin Figge/fotolia.com, S. 59 W.Zikas/fotolia.com, S. 69 Oksana Kuzmina/fotolia.com, S. 77 Dusan Kostic/fotolia.com, S. 81 Guido Grochowski/fotolia.com, S. 95 Glaser/fotolia.com, S. 98 Ingo Bartussek/fotolia.com, S. 103 BlueOrange Studio/fotolia.com, S. 106 Photographee.eu/fotolia.com, S. 108 Karin & Uwe Annas/fotolia.com, S. 113 Antonio Diaz/fotolia.com, S. 114 Andrey Kuzmin/fotolia.com, S. 132 contrastwerkstatt/fotolia.com, S. 136, 137 Kzenon/fotolia.com, S. 143 chalabala/fotolia.com, S. 155 Viaqcheslav Iakobchuk/fotolia.com; S. 26, 27, 57, 74, 75, 76, 112, 141, 148, 150, 152 privat/IFA